作者简介

王家忠 1987年毕业于陕西师范大学，获哲学硕士学位。1999年晋升为教授。现为潍坊学院学报编辑部主任、主编、教授，学术带头人。

完成山东省"八五"重点项目《20世纪中国哲学·人物志》（华夏出版社），省社科规划重点项目《区域文化心理与区域社会发展研究》《山东半岛区域文化和谐发展研究》，省社科普及项目《文化创意产业读本》(中国社会科学出版社)，省教育科学规划课题《青少年"罪错"成因与矫治对策研究》，省教育厅课题《传承·超越·沟通——民族潜意识研究》（中央文献出版社）、《人性·社会·心灵——社会潜意识研究》(山东人民出版社)、《灵性·潜能·创造——个人潜意识研究》(中国社会科学出版社)，及《〈易经〉与心理分析》(中国社会科学出版社)、《哲学七讲（大众读本）》(中国社会科学出版社)。

在《光明日报》《东岳论丛》等报刊发表论文110多篇，论文被《新华文摘》《光明日报》《复印报刊资料》等多次转载或摘要介绍。

光明社科文库

GUANGMING SOCIAL
SCIENCE LIBRARY

改造我们的大学

——地方本科高校综合改革探论

王家忠◎著

光明日报出版社

图书在版编目（CIP）数据

改造我们的大学：地方本科高校综合改革探论 / 王
家忠著 .-- 北京：光明日报出版社，2018.9（2023.1 重印）
ISBN 978 - 7 - 5194 - 4660 - 4

Ⅰ.① 改… Ⅱ.① 王… Ⅲ.① 地方高校—教育改革—
研究—中国 Ⅳ.① G649.21

中国版本图书馆 CIP 数据核字（2018）第 225852 号

改造我们的大学：地方本科高校综合改革探论

GAIZAO WOMEN DE DAXUE : DIFANG BENKE GAOXIAO ZONGHE
GAIGE TANLUN

著 者：王家忠	
责任编辑：杨 娜	责任校对：赵鸣鸣
封面设计：一站出版网设计部	责任印制：曹 净

出版发行：光明日报出版社

地　　址：北京市西城区永安路 106 号，100050

电　　话：010-67078251（咨询），63131930(邮购)

传　　真：010-67078227，67078255

网　　址：http://book.gmw.cn

E - mail：gmrbcbs@gmw.cn

法律顾问：北京市兰台律师事务所龚柳方律师

印　　刷：三河市华东印刷有限公司

装　　订：三河市华东印刷有限公司

本书如有破损、缺页、装订错误，请与本社联系调换

开　本：170mm×240mm	
字　数：186 千字	印张：13
版　次：2018 年 9 月第 1 版	印次：2023 年 1 月第 2 次印刷
书　号：ISBN 978 - 7 - 5194 - 4660 - 4	

定　价：68.00 元

前　言

深化改革，转型提升，共筑高等教育强国梦

百年大计，教育为本。改革开放以来，我国高等教育获得了长足发展，使无数个家庭圆了大学梦，为社会培育了大批高素质人才，支撑和促进了40年经济社会的快速发展。

然而，高等教育的发展与人民的期待还有很大差距，高等教育综合改革与国家的全面深化改革总体要求还有很大差距，高等教育发展与建设高等教育强国、助力实现伟大中国梦的要求还有很大差距。

十年树木，百年树人。人才资源是第一资源。为实现"两个一百年"奋斗目标和民族复兴的伟大中国梦，必须加大教育投入，使人力资源大国转化为人力资源强国，努力办好人民满意的高等教育。

强国先强教，强国必强教。实现民族复兴、国家富强、人民幸福的伟大中国梦，需要强大的人才队伍支撑，需要全面提升民族素质。推进大学综合改革，办好人民满意的教育，努力建设高等教育强国，既是实现伟大中国梦的必要条件，也是中国梦目标的有机组成部分。

《中共中央关于全面深化改革若干重大问题的决定》提出："创新高校人才培养机制，促进高校办出特色争创一流。"习近平总书记指出："全国高等院校要走在教育改革前列，紧紧围绕立德树人的根本

任务，加快构建充满活力、富有效率、更加开放、有利于学校科学发展的体制机制，当好教育改革排头兵。"①高等教育要与国家发展和民族振兴同向同行。实施科教兴国战略、人才强国战略、创新驱动战略，对高等教育而言是机遇更是责任。

习近平总书记在党的十九大报告中提出，我国社会主义建设进入新时代，新时代我国社会主要矛盾是人民日益增长的美好生活需要和不平衡不充分的发展之间的矛盾。强调要"优先发展教育事业"。建设教育强国是中华民族伟大复兴的基础工程，必须把教育事业放在优先位置，加快教育现代化，办好人民满意的教育。完善职业教育和培训体系，深化产教融合、校企合作。加快一流大学和一流学科建设，实现高等教育内涵式发展。

面临国内外经济社会发展形势，面对全面深化改革的客观要求，我国大学必须改革。

面对人民对高等教育新期待，面对高校内部发展中存在的问题，我国大学应该改革。

针对国家与社会对高校的支持与共识，结合高校自身长足发展与经验积淀，我国大学能够改革。

改造我们的大学，发展要有新理念，创新要有新思路，改革要有新举措。深化改革，转型提升，注重内涵，提高质量，完善社会主义现代大学制度，推进大学治理体系和治理能力现代化，努力办好人民满意的大学。

诚如有的专家提出的，高等教育的问题不仅涉及高等教育本身，高等教育的改革要跳出高等教育本身，要放到教育的整体改革中去审视。高等教育改革要有整体思维，需要在国家和社会的整体环境中，综合考虑招生、教学、科研、就业等各方面的问题，然后辨证

---

① 习近平《青年要自觉践行社会主义核心价值观——在北京大学师生座谈会上的讲话》，《光明日报》2014年5月5日第2版。

施治，唯有此，才能取得改革实效。①

　　大学改革是一项系统工程，涉及政府、高校、社会方方面面。改革不会一蹴而就，需要艰苦探索与创新实践。但改革如逆水行舟、不进则退。地方高校综合改革也不是盲目攀比与看齐，而是基于自身，从中求出内涵，走出自己的道路，形成自己的优势与特色。深化改革，转型提升，内涵发展，提高质量，办出特色，争创一流。通过综合改革，才能办好人民满意的大学，共筑高等教育强国梦。

　　有人说不在其位不谋其政。肉食者谋之，你又何间焉？此言差矣！大学改革发展是共建共享的大事。民主治校、科学治校、依法治校是大势所趋，社会主义大学尤其如此。正如鲁迅先生曾说过的，改革，要紧的是做。要许多人做：大众和先驱；要各式的人做：教育家、文学家、语言学家……这已经迫于必要了，即使目下还有点逆水行舟，也只好拉纤；无论怎么看风看水，目的只有一个：向前。

　　改造我们的大学，政府何为？
　　改造我们的大学，学校何为？
　　改造我们的大学，教师何为？
　　改造我们的大学，学生何为？
　　改造我们的大学，社会何为？
　　大学改革只有进行时，没有完成时。

---

① 参见郭英剑《大学与社会——郭英剑高等教育文集》，外语教学与研究出版社2014年版。

目　录
CONTENTS

第一章　内涵发展 转型升级

一、大学改革势在必行

（一）教育之偏在高校延续

大学是个神秘而美好的字眼，是无数学子向往的地方。何谓大学？雅斯贝尔斯在《大学的理念》中开宗明义："大学是一个由学者与学生组成的、致力于寻求真理之事业的共同体。"① 他认为，任何一个真正意义上的大学，都要包含三个相互之间密不可分的方面：学问传授、科学与学术研究，还有创造性的文化生活。② 不管是学术性的教学、科学研究，还是文化生活，都使得大学师生的生活呈现出更高的创造性、心智的卓越与浓郁的文化趣味。弗莱克斯纳曾说过，"大学是民族灵魂的反映"。哈佛大学第28任女校长德鲁·福斯特在就职典礼上说："一所大学的精神所在，是它要特别对历史和未来负责——而不完全或主要对现实负责。大学关乎学问，影响终身的学问，将传统传承千年的学问，创造未来的学问。"③ 大学乃是因为追求知识与真理而存在，它并不是作为教育行政主管部门的附庸。

在当今中国，大学改革是人们关注的话题，大学改革也成为许多有识之士深入思考的问题。大学为什么要改革？这是因为，中国大学经过几十

---

① 雅斯贝尔斯《大学的理念》，邱立波译，上海世纪出版集团，2007年版，第19页，（英译者前言）3。
② 雅斯贝尔斯《大学的理念》，邱立波译，上海世纪出版集团，2007年版，第19页，（英译者前言）3。
③ 转引自刘道玉《教育的境界决定教育的高度》，《光明日报》2015年4月7日教育周刊。

年的快速发展，特别是面对当今时代经济社会发展的新形势，出现了一些急待解决的问题。诸如：

应试教育特点突出，重分轻能，重智轻德，重理论轻实践，重学历轻能力，由此导致部分学生，在校园"十年面壁学屠龙"，出校门"拔剑四顾心茫然"；

千校一面，缺乏特色，大而全，本科高校毕业生就业率参差不齐，与学生和家长期望存在较大差距；

拔尖创新人才培养能力较为薄弱；

高等教育持续发展条件不足不稳；

扩招后毕业生就业竞争压力较大，对高等学校学科专业结构优化及增强学生社会适应能力等提出了新的更高要求；

制约发展的体制性障碍还没有完全解决，分别体现在人才培养的模式、考试招生制度、办学体制和管理体制等方面。

随着我国高等教育大众化程度日益提高，大学教学质量日益受到重视，大学教学质量管理逐渐提上日程。教育部、财政部2007年启动"本科教学质量工程"，对高等院校本科教学质量进行评估，以促进我国本科教学质量的稳定与提高。① "没有伟大的理论，就没有伟大的实践。"然而，当今，在大学教学质量管理上，存在一些认识偏差，而认识偏差导致实践偏差；其中，教师评价、培养方案和学生评价等三个方面的偏差，直接影响大学教学质量的提高。

教师评价偏差主要表现为：过分强调教师管理，忽略教学发展；强调教师的服务作用，忽略教师的引导作用；强调教师的决定性作用，忽视教师的促进性作用。培养方案偏差有两种主要表现：追随潮流，忽视质量个性与特色；重视制定过程，忽视落实过程。学生评价偏差有两种主要表现：抑制学的积极性，降低学生学的效果与质量；抑制教的能动性，伤害

---

① 柳友荣、龚放《"本科教学质量"辨证》，《中国大学教学》2008年第6期。

教师教的效果与质量。大学教育教学质量，主要由教的质量与学的质量构成；而教的质量，在很大程度上，建立在学的质量之上，即学的质量决定教的质量。大学教学质量管理，无论在哪个层面与哪个环节，也无论采用什么方式，主要目标是提高教的质量与学的质量。一切认识偏差与实践偏差，都可能使大学教学质量管理偏离目标。

（二）高等教育面临的挑战

所谓高等教育，是指中等教育以上程度的各级各类教育的总称。当前，高等教育大众化是世界各国教育发展的普遍趋势，我国也不例外。伴随经济社会的发展，我国高等教育也进入了大众化阶段，在取得举世瞩目成就的同时，也凸显出不少矛盾。

自1999年高等教育扩大招生以来，我国高等教育规模迅速扩大，毛入学率年年攀升，从1998年的9.8%上升到2017年的42.7%，提前实现了国家教育规划纲要提出的"到2020年高等教育毛入学率达到40%"的目标。高等教育在学总规模达到3699万人，规模位居世界第一；普通高校招生规模已经达到748万，毕业生规模突破700万，成为世界上高等教育规模最大的国家。

在2016年8月31日十二届全国人大常委会第二十二次会议第二次全体会议上，受国务院委托，教育部部长陈宝生报告了高等教育改革与发展工作情况。他说，近年来，高等教育大众化水平持续提升，服务经济社会发展能力显著提高，人民群众获得感明显增强，高等教育综合改革全面推进，高等教育国际影响力不断扩大，教育规划纲要确定的阶段性目标如期实现。下一步将全面落实立德树人根本任务，大力推进高等教育结构调整，切实加强高校创新体系和能力建设，支持引导高校办出特色办出水平，依法推进高等教育治理体系和治理能力现代化，提升高等教育保障水平。

2017年10月19日，十九大中央国家机关代表团会议讨论向中外记者开放，十九大代表、教育部部长陈宝生表示，我国教育体制"四梁八柱"的改革方案基本建立，教育改革进入"全面施工内部装修"阶段。他介绍了教育战线五年来取得的辉煌成就。一是教育总体水平已经进入世界中上行列。高等教育毛入学率42.7%，比五年前提高了12.7个百分点。二是教育的质量明显提高。三是教育发展的条件有了历史性的改变。四是教育的国际影响力明显增强。五是教育改革全面深化。高考招生制度改革已经在上海和浙江试点，经评估取得了成功，到2020年，新的高考改革制度将全面实行。教育其他方面的改革，包括"放管服"、现代教育制度、大学章程、民办教育等都出台了一些规定。陈宝生说，今后教育发展的任务就是进一步促进教育均衡发展，解决好不平衡不充分的问题，满足人民日益增长的享受更公平更高质量教育的需求。[①]

对高等教育大众化最经典的定义来自美国著名教育学家马丁·特罗，他以适龄青年接受高等教育的比例为指标，将高等教育划分为精英、大众、普及三个阶段：当毛入学率在15%以下时，为高等教育的精英教育阶段；当毛入学率达到15%～50%时，为大众化阶段；当毛入学率达到50%以上时，为普及化阶段。

高等教育大众化是从20世纪70年代出现的。但大众化的开端时期是在二战后，只是那时还没有大众化的提法。在世界范围内，20世纪70年代，高等教育数量增大了，马丁·特罗提出了高等教育发展的三个阶段，其中第一阶段是精英教育，注重学术研究，培养少量的精英人才；第二阶段是大众化阶段，是大众能够接受高等教育的阶段。大众化阶段具有应用性和多样性特点。第三阶段是普及化阶段。至于三个阶段是相互替代的关系还是并存的，马丁·特罗的回答是"到了大众化阶段，精英教育仍然存在并有所发展"，不过可能不是大发展。为此，有专家建议，在中国高等教育大众化时代，我们无论是顶层设计还是基层实践，都要有一种重新的认识，全面把握大众化阶段的特点，克服思想认识上的阻力和实务方面的困难，方能取得大众化教育的成功。[②]

---

① 《中国教育报》，2017年10月20日。

② 参见潘懋元《高等教育大众化面临的困难》，《光明日报》2014年9月23日13版。

可以说，我国已经做大了高等教育，现在的主要任务是如何做强做优高等教育。而做强做优高等教育的关键，一是优化结构，二是提高质量。结构优化是前提，质量提高是核心。提高高等教育质量，是做强我国高等教育的最核心、最具战略意义的举措。高等教育大众化理论的创立者马丁·特罗早在1973年就指出，高等教育大众化既包含量的增长，又包含着质的变化。高等教育从精英教育阶段向大众化教育阶段的转变，不仅是毛入学率的提高，而且意味着高等教育的观念、功能、学校类型与规模、质量标准、入学与选拔方式、教育内容和学科专业设置、教学管理方式等方面的全方位变革。

（三）高等教育存在的矛盾与问题

我国高等教育大发展期间所取得的成绩固然举世瞩目，但也有不少问题逐渐浮上台面。

1. 教育质量整体有待提高

我国的高等教育质量整体有待提高，究其原因，主要是扩招后学生数量增速与教育资源增速不匹配造成的，师资薄弱是其最突出的表现。我国师资的总量虽一直在增长，但生师比却屡创新低。国家也出台了一系列政策来缓解改善，如对各高校的质量评估中，生师比就是一个重要指标，但这也会导致新的问题，即众多高校尤其是独立学院为达到生师比指标，大量招聘缺乏教学经验和教书育人意识的新教师，结果同样影响了教学质量。事实上，越是热门专业往往师资力量越弱，甚至教师很少是专业出身，而是从其他专业转行而来的。

其次，扩招意味着降低了入学门槛，标准的降低确保了更多学子得以接受高等教育，让毛入学率不断上升，但这也导致了生源质量的下降，从而影响了整体的教育质量。

我们也应看到，整体教学质量下滑并非每一部分的教学质量都下滑，如当代大学生在计算机和外语等方面都远远胜过以前。

2. 大学毕业生就业压力增加

除了教育质量下降，大学毕业生就业难也成为目前我国高等教育大众化进程中的一大困境。自1999年扩招以来，高校扩招的速度一度大幅超过国民经济的增长速度，就业岗位数难以满足大量高校毕业生的需求，出现大学毕业生就业紧张的现象也就不可避免。

同时，由于扩招降低了高校的入学门槛，按以往的毕业标准，很多因扩招入学的低标准入学者将无法毕业，若降低标准，则由此输送到社会上的教育产品——毕业生将无法满足社会需要。欧美国家采取的普遍做法是"入学易，毕业难"，并不降低毕业标准，也就是宽进严出。而我国则选择了降低毕业标准，以确保大多数入学者顺利毕业的模式，这虽然让我国的高校毕业生不会像欧美学生一样经历中途停学或猛补学分以求毕业的阵痛，却也使我国高校毕业生数量倍增，成为就业难的原因之一。

3. 高等教育学费大幅增加

从中华人民共和国成立到1988年，高等教育一直实行免收学费政策，直到1989年，国家才开始对高等教育实行收费，但当时的学费仅200元/年。自此，我国高校的学费开始逐年快速上升。到1993年普通高校生均缴纳学费610元，到1996年翻了一番，达1319元，1999年又翻了一番，达2769元。扩招后，无可避免地又带来了学费的大幅上涨，2000年比1999年上涨28.2%，2001年达到生均3895元。直到2001年、2002年国家先后两次发文规定高校不得提高学费标准，学费快速上涨的趋势才得到缓解。然而，自我国步入高等教育大众化阶段以来，高校学费的增速还是远超国家财政对教育投入的增速和人们收入的增速。2008年大学生平均5000元左右的学费也超过了当年我国城镇居民可支配收入的30%，超过农村居民年均收入的100%，更别提还有住宿费、生活费等一系列费用。2016年多地又上涨了高等教育学费。

4. 办学模式滞后，培养的人才与社会实际需求脱节

潘懋元认为，精英化高等教育培养的是理论型、学术型人才，大众化

高等教育培养的是实用型、职业型人才，其培养目标、教学内容和方法完全不同于精英教育。然而，如今的高校，从办学理念到专业设置，再到教学方法都没有脱离培养学术型人才的模式，所培养出来的人才与社会实际需求存在脱节。

同时，受传统观念影响加之评估标准单一，各级各类高等教育机构都盲目追求高学历层次和综合化，"专升本""打造综合性大学"蔚然成风，这也导致了高等教育办学之路越来越窄，"千校一面"、同质化趋势越来越严重，不仅导致了社会需要的某些人才的奇缺，而且造成了有限教育资源的重复和滥用。

总之，目前的主要矛盾是社会公众接受优质高等教育需求与高质量高等教育资源短缺之间的矛盾。

二、大学之大不在规模

（一）大学乃大师也，非大楼也

1931年12月2日，原清华大学校长梅贻琦在就职演讲中曾提出："所谓大学者，非谓有大楼之谓也，有大师之谓也。"经过40年的改革开放和经济发展，从国家到地方对高校发展的投入力度加大，现代化的校园和高规格的大楼成为大学亮丽的风景。是的，我们已不是战争年代的"西南联大"，我们有条件有能力把大学办成现代化的先锋。但是，现代化的设施需要现代化的人才来驾驭和使用。一所大学仅有大楼是不行的，仅重视大楼建设而忽视大师的培养也是不行的。好的大学必须有好的师资队伍，一流大学必须有一流的人才支撑。教学、科研、办公条件的改善是必需的，优化软环境，培养和提高师资队伍素质，激发创造创新活力，更是必需的。

（二）转型发展不能一合了之

为了理顺办学体制、扩大办学规模、提高办学效益，我国曾一度兴起了大学合校之风。但合并之后也带来了一些问题，主要是规模过大管理难度增加，有的甚至多地多校区办学，协调起来难度极大。原有的特色学校或办学特色往往因为合并而削弱甚至消失。各校区之间的资源整合、融合需要一个过程。

合并也许是学校转型发展的一个抓手，但转型发展不能一合了之。学校合并之后，需要发挥好整合优势，从领导班子到师资队伍、从校区资源到学生资源，要深度融合、提质增效，避免重复和浪费，减少摩擦和内耗。进一步整合学科建设，优化专业建设，使规模效益与特色凝练有机结合起来。淡化校区观念，增强合作意识，促进公平公正，改善工作环境，促进学校科学发展、和谐发展。

全国人大代表、绍兴文理学院院长叶飞帆强调，转型不是非此即彼的关系，它是一个长期的问题，是一所高校特别是地方本科院校紧贴社会需求办学的问题。学校作为一个系统，它的自我调整能力必须强，就像一个人一样，社会有什么变化必须及时反应。地方高校转型的过程是长期性的，不能今天说转型明天就转完了，更不是说从这个型转到那个型。

（三）从"以量谋大"到"以质图强"

党的十八届三中全会做出的《关于全面深化改革若干重大问题的决定》，把深化教育领域综合改革摆在突出的位置。当前，我国高等教育逐步实现由"以量谋大"到"以质图强"的战略转变，步入了以办出特色、提高质量为主的内涵式发展新阶段，"立德树人"和"办人民满意的高等教育"已成为我国高等教育的根本任务和核心目标。新的发展阶段和发展任务必然对大学的发展理念、体制机制、发展模式提出新的要求，深化改革、率先突破已成为我国大学的自觉选择。

毋庸讳言，当前我们还面临着诸多制约地方学校可持续发展的瓶颈问题，如人才培养质量与时代的要求有差距，学科专业结构与区域发展、产业转型升级要求有差距，自主创新能力与国际国内竞争要求有差距，自主办学和科学管理能力与建设现代大学制度有差距等。综合改革是不同于零敲碎打或是单兵突进的改革，是从单项到整体、从表层到深层、从增量到存量的改革，是推及大学治理结构和人才培养、科学研究、人事管理、招生就业等各项事业的全面改革，是解决高校发展深层次问题和矛盾的系统改革。我们要充分认识深化综合改革的必要性和紧迫性，不拘泥于现状，不沉湎于既往，善于自我反省、敢于自我超越，探索出适合地方高校实际的综合改革模式。要从大学的使命和教育的理想出发，围绕立德树人，提升培养质量，找准综合改革的根本点，切实落实人才培养中心地位；要完善体制机制建设，释放制度红利，找准综合改革的关键点，构建起体现学校核心价值追求的办学管理制度、以学术引领发展的学术权力制度、凸显公平效率一致的资源配置制度、广泛参与的民主管理与监督制度等现代大学治理体系；要坚持问题导向，明确战略方向与路径，把握综合改革的着力点，立足自身，从困难与挑战中探索建设特色鲜明应用型大学的发展道路。

同时，我们也必须清醒认识到，地方高校综合改革具有很大的发挥空间，也具有很多不确定性，是对我们的智慧、担当、毅力、定力的巨大考验。深化综合改革，需要我们有更多的决心与勇气，丢弃因既往的成绩而可能出现的沾沾自喜；排除在困难面前的激情消退和畏首畏尾；破除因过去的成功而形成的思维定式和观念桎梏。推进综合改革，需要我们有更大的视野和智慧，要广开言路、统筹协调，做到查找问题让师生把脉，改革举措汲取师生智慧，改革成效交给师生评判，妥善处理好加强顶层设计与尊重基层首创精神的关系、行政权力与学术权力平衡的关系、特色鲜明与学科生态和谐的关系、个体局部目标与整体共同利益的关系等。

三、大学不是培训机构

（一）大学不是网吧

毋庸置疑，我们已经迈入信息化时代，现代大学也理应培养学生的计算机运用能力。可是，不少学校的图书馆和二级院系的计算机中心，学生们不是在利用信息工具进行学习与研究，却是在玩游戏或聊天，这与大学的教育主旨背道而驰，与大学生的职责相去甚远，不少学生甚至因此影响学业，致使多门功课挂科而不能正常毕业。这种情况，学生有责任，学校的教育与管理责任更不能推卸，因为有些计算机中心实行承包的管理方式，只顾"上座率"，不管上课率，甚至各中心之间相互采取优惠措施以吸引更多学生。大学脱离信息化建设不能算是现代大学，但仅仅突出信息技术只能是网吧。

（二）大学不是考证机构

现在不少在校大学生都在忙着考证。甚至正式的课堂教学都不参加，却要花钱参加各种考证培训。关于考证，无外乎两类。一类是国家法律明文规定，没有资格证书就不得从事相关行业的，这类证书相当重要，比如：医学生的医师资格证书、会计专业的会计资格证书、教育专业的教师资格证、旅游管理专业的导游证等。另一类是法律没有规定，但是企业相当看重的，也要考证。比如：外企相当看重英语专业的专业八级证书、日语专业的一级证书……如果你没有这样的证书，但是相关专业好多人都有，学生就业的压力就会很大，于是，看见别人考，自己也要考。

在大学里，有一种考证书的跟风潮，大家往往会一哄而上，看见别人考，自己也坐不住，到了毕业，发现这类证书用处非常小。比如你想做人力、行政方面的工作，是不是考证就可以呢，其实从事行政这类行业的，别人看重的更多的是你的交际能力、亲和力、语言表达能力等，毕竟这是个跟人打交道的工作，大多数公司是不会看你的证件的，不过多了这个证件在找工作的时候可能会容易一些。所以，考证要根据自己的需要，有重点地进行，大学生考证之前要好好想想对自己以后工作有用没有，权衡一下，自己想要干什么、适合干什么，应该明确，不要盲目跟风。

有些高校为了迎合学生需求和利益驱动，也在联合地方有关部门搞各类考证培训，甚至干扰了正常的教学秩序，影响学生专业综合素质的培养和提升。当然，有些企业在用人时过分看重学生的各种证书，甚至上级有些管理部门设置各类资格证书，脱离在校大学生实际，影响了大学生就业。针对这种现象，需要综合治理，源头治理与学校管理相结合，让学生回归课堂，加强专业综合素质教育，而不是片面引导学生盲目考证。

进行岗前培训是用人单位的一项基本工作。面对大学生就业难，有的企业对大学有着过苛的要求，希望大学生能够"零距离"就业，这种要求是不公平的。当然，适应大学生就业需要，有的地方政府或中介机构专门搞一些岗前培训活动是可以的，这需要规范和引导。如果一所大学仅仅把培养学生的动手能力作为核心工作，那么这所大学已经偏离了大学的轨道，沦落为一般培训机构。

四、让人民满意：大学改革的出发点与落脚点

（一）办人民满意的大学是社会主义大学的必然要求

教育公平是当下人民最关心的问题。所谓"人民满意"指的是人民对接受教育的机会均等满意，对接受教育的高质量满意，对教育的去官僚化满意，对教育资源的均衡分配满意，对城乡之间的教育差距变小满意，对将来的教改目标实现满意。

以上问题，有些是属于上级教育主管部门甚至政府牵头解决的问题，作为高等学校，必须以提高教育质量、培养优秀人才为抓手，扎实推进综合改革。地方高校的改革当然会体现学校领导的思想风格和主观意图，但改革方案的设计与改革效果的判断，首先要从人民是否满意出发，这是因为我们的大学是人民的大学，我们是为了人民办大学。由此，高校改革方案的制定，不仅要在自觉贯彻党和国家教育方针的同时，充分考虑学校发展实际和综合特色优势，更要广泛征求广大师生和当地政府特别是群众的意见建议，避免闭门造车和主观武断。

中国教育科学研究院在全国31个省份教科院所支持下，于2016年5月—6月开展了高等教育满意度调查。开展全国教育满意度调查，是教育

部党组总体部署的一项重要任务，是对党中央、国务院号召切实办好人民满意教育的积极回应。通过对调查结果分析得出如下主要结论：高等教育总体满意度指数为69.42分。教育公平满意度指数为69.25分，教育环境满意度指数为69.23分，教育质量满意度指数为67.87分，教育期望值指数为66.45分。高职比本科的满意度略好，各项得分均高于本科。中部地区的总体满意度整体偏高，西部地区各项满意度值全面偏低。中央高校的总体满意度高于地方高校。经历过国家重点建设的高校，各项教育满意度得分均偏高。地处县镇高职院校、独立学院存在"满意度塌陷"现象。大学生最满意的十个方面，贫困生资助、教师职业精神、同学关系等位列前茅。大学生最不满意的十个方面，课程教学、国际化资源、师生课外互动、参与科研等处于前列。不同学科、专业学生的总体满意度存在差异。不同亚群体大学生的高等教育满意度存在差异。雇主高等教育满意度指数为61.18分。各省高等教育总体满意度与人均GDP呈现阶段性特征。

在调查分析的基础上，课题组提出了相应的政策建议：1.狠抓课程教学质量提升，尤其加强师能建设。教育部部长陈宝生指出，高校要做到"四个回归"，教育的基本功能是教书育人，教育工作者的初心是培养人才。课堂是学生学习的场所，是学生生命成长的原野，是育人的主渠道。提升课程教学质量，要扩大知名教授给学生上课的机会。提升课程教学质量，要扩大学生参与课题研究机会。2.完善高校内部治理结构，提高学校管理的学生参与度。3.建立以学习者为中心的高校文化，提高学生创新创业能力。4.加强行业类高校建设，增强办学特色和学生获得感。5.引导帮扶独立学院发展，办出特色创一流。[①]

（二）办人民满意的大学必须深化改革

适应新时代高等教育发展需要，必须深化综合改革，立足高等教育的定位与使命，积极破解地方本科院校面临的转型与办学难题。

---

① 中国教育科学研究院《全国高等教育满意度调查报告》，《中国教育报》，2017年5月17日。

新时代的办学理念，其核心是处理好高等教育自身规律与适应社会发展的关系。构建高等教育新常态不是对以往办学理念、定位与内容等方面的简单否定，而是应该顺势而为，遵循人才培养规律与教育规律，适应当下社会发展需求。对此，地方新建本科院校既要遵循高等教育的基本规律，同时还要破解当前所面临的分类不清、定位不明、特色不显、模式单一等问题，调整发展思路，谋求转型发展。

新时代的办学定位，其核心是处理好"顶天"与"立地"的关系。"顶天"就是做好顶层设计，围绕高等教育功能的完善、人才培养目标的确立，真正承担起普通本科院校的历史使命、社会责任；"立地"就是立足办学实际，彰显学科科研优势，利用地域文化优势，发挥地方优势，推动地方经济社会文化发展。对此，地方本科院校要进一步找准科学的办学定位，从同质化向多元化、多样化转型，围绕办学目标树品牌、创精品、出特色，为学校的持续发展提供核心支撑，构建出符合自身实际的办学新常态。

新时代的人才培养与教学改革，其核心是处理好以人为本与培养应用型人才的关系。"以人为本"意味着要将"育人为本、德育为先"的理念深入贯彻到高等教育的各个方面；培养应用型人才是要创新人才培养理念，化解人才培养与社会需求的结构性矛盾，提升经济发展的创新驱动力。对此，地方本科院校要以"以人为本"为导向，力求实现学生的理论与实践、知识与能力、专业素养与人文素养的有机结合；同时，要以培养应用型人才为目标，深化教学改革，在教学内容、方法与平台建设上，注重专业素养与通识素质的培养，发挥师生之间的主导与主体作用，实现校地、校企的有机对接与深化协作。

新时代的科学研究与社会服务，其核心是处理好服务与引领的关系。"服务"意味着高等教育具有支撑地方经济社会文化发展的重要作用；"引领"意味着高等教育发挥对地方建设发展的辐射作用。对此，地方本科院校要把学校的优势，变为助推区域经济社会发展的有效资源和强大动力，做到"论文写在产品上、研究做在工程中、成果转化在企业里、价值体现在效益上"；同时，服务社会要作为科学研究的立足点，适应区域现代产业体系建设需求，在决策咨询、技术服务、课题研究等方面形成特色优势和效益，实现校地协同创新、学科专业与地方产业有机对接。

对于转型难题，地方本科院校要保持主动姿态，稳步有序推进高等教育新常态的构建，凝聚最大的建设合力，实现高等教育从"积跬步"到"至千里"的长远发展。①

（三）高校综合改革必须注重关联性、系统性和协同性

我国的高校综合改革是从教育部直属高校开始，进而波及地方高校的。2015年8月，习近平主持召开中央深改组会议，通过推进建设世界一流大学方案。11月5日，中国政府网全文公布《统筹推进世界一流大学和一流学科建设总体方案》，提出要推动一批高水平大学和学科进入世界一流行列或前列，2016年开始新一轮建设。回顾高校综合改革，2013年党的十八届三中全会召开后，清华和北大主动请缨，希望在国家深化教育领域综合改革中先行探索。2014年7月，刘延东在教育部直属高校工作咨询委员会全会上强调，聚焦聚神聚力全面深化高等教育综合改革。同月，国家教育体制改革领导小组第十一次会议原则同意清华、北大和上海市"两校一市"的综合改革方案。随后各高校也纷纷向有关部门请缨，教育综合改革从最早的"两校一市"扩展到了后来的教育部所有直属高校……新一轮教育综合改革正展开攻坚。

高校综合改革要搞好系统设计，加强顶层设计和摸着石头过河相结合，提高改革决策科学性，做到全面协调可持续。改革搞好顶层设计就是要制订好战略规划。"取乎上，得乎中；取乎中，得乎下"。推进改革必须坚持统筹兼顾，不能"头痛医头、脚痛医脚"。"不谋万世者，不足谋一时；不谋全局者，不足谋一域。"习近平总书记指出，我们提出全面深化改革的方案，是因为要解决我们面临的突出矛盾和问题，仅仅依靠单个领域、单个层次的改革难以奏效，必须加强顶层设计、整体谋划，增强各项

---

① 参见夏锋《高校应积极构建自身"新常态"》，《光明日报》2014年12月1日。

改革的关联性、系统性和协同性。①

顶层设计作为一种战略思维和宏观设计，更加注重系统性、整体性、协同性、贯通性和前瞻性。搞好顶层设计就是要有的放矢，抓核心、抓重点，明确改革目标和方向，同时注重理论创新，用创新性思维来指导进一步的改革。只有把"摸着石头过河"与"搞好顶层设计"有机结合起来，才能渡过大江大河。坚持学必求深，做必务实，行必求远，才能把中央顶层设计的好政策落到实处。

为深化山东省高等教育综合改革，推动全省高校特色发展、争创一流，提高人才培养质量，服务经济社会发展，2016年4月22日，山东省委办公厅、省政府办公厅印发了《关于推进高等教育综合改革的意见》（鲁办发〔2016〕19号）。这是今后一个时期山东省高等教育综合改革的指导性文件。

《意见》共7部分、33条。在完善治理结构，推进现代大学制度建设方面，提出坚持和完善党委领导下的校长负责制，建立以学校章程为核心的制度体系，完善党委（常委）会、校长办公会例会制度。健全学术委员会、学校理事会制度，建立高校总会计师制度，加强校务财务监督。

在改革用人制度，扩大高校办学自主权方面，提出实行人员控制总量备案制，由高校自主确定教学、科研、教辅机构设置和人员编制总量，自主制定岗位设置方案，自主安排执行用人计划，自主公开招聘各类人才。适当提高专业技术岗位结构比例，统筹使用中初级专业技术岗位。实施专业设置负面清单制度，允许高校在限制性目录和预警目录以外自主设置专业。选择5所左右省属高校试点取消二级学院行政级别，扩大二级学院的人、财、物等管理权。

在转变发展模式，提高办学质量和水平方面，提出建立办学规模定期核定机制并进行动态调控。建立人才需求预测分析机制，优化专业布局，实施专业同城跨校整合。启动"双一流"建设计划，完善高校科技创新体系，实施高校协同创新计划，重点建设一批重点实验室、工程技术研究中

---

① 习近平在中共中央政治局第十一次集体学习时的讲话（2013年12月3日）。

心、协同创新中心和人文社科研究基地等。

在落实立德树人根本任务，深化教育教学改革方面，提出构建思政育人、文化育人、专业育人、实践育人"四位一体"的德育体系。深化学分制改革，建立与学分制相配套的学生管理、教师评价等制度体系。探索本科综合评价录取等招生制度改革，扩大高校招生自主权。完善高职与本科、中职与本科贯通分段培养模式，制定专业目录，优化专业布局，实施动态管理。强化创新创业教育，提高实践课比重，实施弹性学制，允许学生休学创业。

在加强师资队伍建设，提升教师的师德学养方面，提出完善教育引导、制度规范、监督约束、查处警示的师德建设长效机制。继续实施高校青年教师成长计划，完善教师到企业和基层一线实践锻炼制度。扩大高等学校与行业、企事业单位人员互聘（"双百计划"）工作实施范围。建立重师德、重能力、重业绩、重贡献的教师分类考核评价体系。

在扩大对外开放，拓展丰富教育资源方面，提出支持高校海外办学、开展专业教育国际认证，鼓励我省驻外企业设立留学生奖励基金，吸引国外学生来鲁留学、就业。鼓励区市政府与学校主管部门建立合作共建机制，推进市校合作共赢。支持企业、社会团体和个人等社会力量通过独资、合资、合作等形式举办高等教育。鼓励高校与行业企业共同建设专业，共同制定人才培养方案，共同开发课程，共建实习实训基地。建立校企合作协调推进机制。

在加大财政投入，完善高等教育综合改革保障机制方面，提出建立分类与综合相结合的高校评价体系，实施高校办学质量报告制度，建立生均拨款正常增长机制，逐步提高生均定额标准。优化项目设置，完善高校预算拨款制度改革，探索按生均定额、专项拨款、绩效奖补相结合的方式确定高校财政拨款，构建科学规范、公平公正、导向清晰、讲求绩效的预算拨款制度。

山东省高等教育综合改革的主要特点是，坚持系统推进。《意见》对山东省高等教育综合改革做了整体谋划、顶层设计，体现了系统性、整体性，注重改革事项的连贯性和衔接性，相关改革环环相扣、配套推进。坚持改革创新。突出问题导向，不固守既有政策，不拘泥现状形式，在法律法规框架内大胆探索，用改革的办法破解遇到的难题，推进政策、体制、模式等创新。

五、内涵发展 重在质量

（一）遵循规律、着力创新

办教育就要遵循教育规律，办高等教育就必须遵循高等教育规律。办地方综合性大学还要考虑区域特点和地方实际。1949年以来，我国的高等教育发展曾经走过弯路，除了受政治因素影响外，一个重要原因就是对高等教育规律缺乏基本尊重，有时候往往脱离中国国情、脱离时代特征、脱离地方实际办大学。特别是长期官本位思想影响，造成学校对上不对下，行政色彩太浓。由此直接制约了高校的科学发展。

推进地方高校综合改革，必须坚持实事求是，不断解放思想，勇于探索创新。首先要探索和遵循高等教育规律，并适应国情省（市、区）情实际，使大学接地气。同时要适应时代发展的需要，体现新时代特点，使大学有生气。还要适应人民群众对高质量大学的要求，使大学聚人气。由此，大学的学科专业改革、人才培养模式改革，不能搞花架子，盲目跟风搞特色，更不能打着"改革"的旗号"折腾"大学，而是要遵循规律、注重实效，扎扎实实在提高人才培养质量上下功夫。

（二）注重内涵、提升质量

伴随着高等教育规模的扩大，高等教育质量问题逐渐成为一个世界性问题。2009年7月，联合国教科文组织召开世界高等教育大会，会议达成一系列共识。其中的核心观点是，"质量保障是当前高等教育至关重要的任务""质量保障不仅要求建立质量保障体系和评价模式，而且要求促进机构内部质量文化的发展""坚持严格的教学标准"①。

教育部高教司司长张大良认为，针对近几年我国高等教育中存在的问题，接下来几年高等教育的改革重点是要做到四个"更加注重"。高校要更加注重内涵发展，把质量提升作为核心任务，以质量求生存，以贡献求支持。要更加注重特色发展，立足实际、找准服务面向、不断强化办学特色。要更加注重创新发展，敢于和善于推动体制机制创新，从根本上打破束缚、释放活力。要更加注重需求导向，坚持与国家战略和区域性发展需要同向同行，促进学校可持续发展。

党的十九大报告强调，优先发展教育事业。建设教育强国是中华民族伟大复兴的基础工程，必须把教育事业放在优先位置，深化教育改革，加快教育现代化，办好人民满意的教育。普及高中阶段教育，使绝大多数城乡新增劳动力接受高中阶段教育、更多接受高等教育。加快一流大学和一流学科建设，实现高等教育内涵式发展。加快建设创新型国家。培养造就一大批具有国际水平的战略科技人才、科技领军人才、青年科技人才和高水平创新团队。②这意味着，我国的高等教育还将有大发展，但不再是简单地扩招增量，而是应注重内涵、提升质量。

什么是注重大学内涵建设？简单地说，就是从单纯地扩大专业，扩大学校规模建设转向师资力量、教学科研水平、人才培养质量的建设，或者叫软实力建设。有专家指出，看一所大学主要看什么？一看师资队伍，二看图书馆，三看学报。这"三看"其实就是强调的大学内涵。

如前所述，我国高校扩招以来，经过学校合并、增加招生扩大规模，无论是全国高等教育规模还是地方高校发展规模，都有了长足发展。如今为了适应人民群众对高质量大学的要求，针对高校发展中面临的各种问题，必须全面深化改革，提高办学质量。地方高校要把"注重内涵、提升质量"作为当前综合改革的主旨。

---

① 参见瞿振元《提高高校教学水平》，《光明日报》2015年11月17日，第13版。
② 习近平《决胜全面建成小康社会 夺取新时代中国特色社会主义伟大胜利——在中国共产党第十九次全国代表大会上的报告（2017年10月18日）》，人民出版社2017年版第45—46页、31页。

　　"注重内涵、提升质量",就是不再盲目扩大办学规模和加快发展速度,而是以内涵发展为重心,着重提高教育质量。高校的发展当然需要一定的规模和速度才能体现综合效益,但规模和速度要服从于内涵和质量。中国科学院院士葛钧波说,一所大学好不好,并不是看学校的规模有多大,也不是看学校每年招多少学生,关键是要有一流的学科,要看这个学科的学术地位,要得到国际上的认可。

　　"注重内涵、提升质量",就是学校的改革发展,要更加注重师资队伍建设、更加注重人才培养质量、更加注重科研成果的经济社会效益、更加注重软环境建设,并以此作为衡量学校改革发展的标准和牵引。

　　我们离高等教育强国有多远?到21世纪中叶我国建成富强民主文明和谐美丽的社会主义现代化强国之时,理应也是高等教育强国实现之日。现在到实现这个目标不过只有三十来年,对于我国高等教育而言任务之艰巨可想而知。这就意味着,我国的高等教育经历了从清末模仿日本、民国借鉴美国、中华人民共和国成立后照搬苏联、改革开放后追赶欧美,到新时代做大做强,直至创新引领的奋斗历程。

第二章 科学定位 分层发展

一、扎根中国大地办大学

（一）千校一面必须克服

当前，由于理论研究滞后、政策引导不到位，全国高等学校出现了分类不清、定位不明、缺乏特色、发展方向趋同的同质化现象。大多数高校还是一个模式、一种发展路径，按传统的精英教育模式培养学生，造成了"千校一面"的局面。如何立足实际、科学定位、实现特色发展，成为当前高校特别是地方本科高校综合改革、推进现代化建设不可回避、必须解决的问题。

特色学校是指在全面贯彻国家的教育方针，面向全体学生，全面提高教育教学质量的前提下，在独特的办学理念的统领下，充分发挥本校的优势，选准突破口，以点带面，不懈努力，逐步形成自己独特风格的学校。它是对办学中能出色地完成学校教育任务，而又在整体上具有独特、稳定、优质的个性风貌的学校的统称。它是一所学校的特殊性或个性在办学过程中的体现，它表现于教育思想、教育观念、培养目标、师资建设、教学风格、教学管理等方面都有与众不同的地方。具体地说，特色学校的特征就是以其办学思想、办学观念、办学方法等的独特性、先进性、科学性、稳定性和优质性等方面区别于其他学校并取得显著成绩，为人民大众认可的风格独特的学校。

（二）"三个面向"、战略眼光

1983年9月邓小平同志在给北京景山学校的题词中，提出了"教育要面向现代化，面向世界，面向未来"的思想。"三个面向"的思想内涵十分丰富，集中体现了邓小平教育改革与发展的指导思想，也反映了建设有中国特色社会主义对教育的客观要求，把握了时代特征和对世界未来的科学预测，并为我国教育指明了发展方向，是邓小平教育思想的核心内容。

教育要"面向现代化"，要求教育工作必须适应和服务于我国现代化建设发展的需要；教育要"面向世界"，要求教育工作必须适应和服务于对外开放，扩大对外交流的需要；教育要"面向未来"，要求教育工作必须适应和服务于我国社会与经济未来发展的需要。"三个面向"是我国教育改革和发展的战略指导方针，它不仅指明了我国教育改革和发展的总方向，而且指明了未来我国教育改革和发展的总趋向，具有强烈的时代特色和战略指导意义。

地方高校要全面深化改革，必须认真贯彻落实"三个面向"的指导思想，使我们的大学适应"三个面向"的发展要求，使培养的人才具有"三个面向"的素养和品质，全面推进学校科学发展，提升地方高校的综合实力。

（三）中国特色、世界水平

教育是人类传承文明和知识、培养年轻一代的根本途径。对一个国家来说，教育兴则国家兴，教育强则国家强。2013年4月，习近平总书记在给清华大学的贺信中指出："教育决定着人类的今天，也决定着人类的未来。人类社会需要通过教育不断培养社会需要的人才，需要通过教育来传授已知、更新旧知、开掘新知、探索未知，从而使人们能够更好认识世界和改造世界、更好创造人类的美好未来。"习近平总书记在第二十九个教师节慰问信中，希望广大教师"为发展具有中国特色、世界水平的现代教育作出贡献"。习近平总书记的这些论述，不仅是对广大青年的教诲、对人民教师的嘱托，也向全国人民描绘了在实现中国梦奋斗目标中教育事业发展的宏大愿景。

习近平总书记提出的"中国特色、世界水平的现代教育"，是"两个一百年"奋斗目标和中华民族伟大复兴中国梦的重要组成部分，也是一个完整的科学概念，包含着我国教育发展应当具有的中国特色、国际视野、时代特征等深刻内容。2014年5月4日，习近平总书记在北京大学考察期间，对发展具有中国特色、世界水平的现代教育做了进一步阐释。他强调，办好中国的世界一流大学，必须有中国特色。没有特色，跟在他人后面亦步亦趋，依样画葫芦，是不可能办成功的。这里可以套用一句话，越是民族的越是世界的。世界上不会有第二个哈佛、牛津、斯坦福、麻省理工、剑桥，但会有第一个北大、清华、浙大、复旦、南大等中国著名学府。我们要认真吸收世界上先进的办学治学经验，更要遵循教育规律，扎根中国大地办大学。

首先，中国特色、世界水平的现代教育必然是传承中华文化血脉、扎根中国大地、践行中国特色社会主义道路、服务国家发展的教育。

习近平总书记在第二十三次全国高等学校党的建设工作会议上指出，高校建设的根本目标是办好中国特色社会主义大学；高校肩负的重大任务是学习研究宣传马克思主义、培养中国特色社会主义事业建设者和接班人；办好中国特色社会主义大学的根本保证是加强党对高校的领导，加强和改进高校党的建设。习近平总书记对我国高校根本性质的界定，指明了办好高等教育的大前提，即：必须在办好中国特色社会主义大学这个根本问题上达成共识。然而对于这个问题，目前在我国高校中并没有得到彻底解决。有些高校在定规划、谋发展时，过分看重西方评估机构对大学的排名，用所谓与国际接轨的统一标准"一刀切"，很少提及中国特色社会主义大学的性质，很少提及党的德智体全面发展的教育方针，很少提及学习研究宣传马克思主义、培养社会主义建设者和接班人的问题。甚至曾有高校领导故意淡化思想政治教育，把思想政治理论课放在周末上。对此，我们必须坚持办好中国特色社会主义大学，把学科建设、学术成果、学术评价、职称评定等方面的评价主导权掌握在中国人自己手中。

其次，中国特色、世界水平的现代教育必然具有鲜明的时代特征，是不断改革创新、与时俱进的现代教育。当前和今后一个时期，就是要深入学习贯彻习近平新时代中国特色社会主义高等教育思想，扎实推进中国特色高等教育强国建设。具体来说，就是要以实现中华民族伟大复兴中国梦为历史使命，以建设世界高等教育强国为奋斗目标，以扎实办好中国特色社会主义大学为内在灵魂，以内涵式发展为发展模式，以办好"一流大学"和"一流学科"为路径选择，以推进综合改革为内生动力，以立德树人、培育社会主义核心价值观为具体要求，以加强和改进高校党的建设为根本保障。

再次，中国特色、世界水平的现代教育必须具有国际视野，以宽广的胸怀、平等包容互鉴的态度对待其他国家教育，通过交流沟通、学习借鉴不断提升水平，通过国际合作解决面临的共同问题，推动人类文明进步。

总之，中国特色、世界水平的现代教育是促进人的全面发展、释放每个人的潜能、满足现代社会发展需要的教育，是包括发达的幼儿教育、高水平的义务教育、完善的职业教育、优质的高等教育和健全的终身教育的完备教育体系。有了这样的教育，我们的人才就会大量涌现，我们的国家就会拥有强大的竞争力。

二、钱学森之问非泛泛之问

（一）大学不只是培养大师

所谓"钱学森之问"，就是著名科学家钱学森院士晚年在各种场合不止一次提出的问题：为什么我们的学校总是培养不出杰出人才？这个问题，钱老自己其实是有答案的。2005年7月30日，钱学森曾向温家宝总理进言："现在中国没有完全发展起来，一个重要原因是没有一所大学能够按照培养科学技术发明创造人才的模式去办学，没有自己独特的创新的东西，老是'冒'不出杰出人才。这是很大的问题。"

钱学森之问和钱老自己的回答，振聋发聩，实际上指出了中国的教育所存在的问题。有专家指出：从1949年至今，教育革命和教学改革始终不断，但一直未形成科学的、稳定的人才培养体系，难以拥有杰出人才成长环境；学术浮躁；学校缺乏办学自主权，办学千篇一律，许多大学无特色；上级管理名目繁多，对学校、教学和科研的评估、考核、检查太过频繁，基层穷于应付，甚至弄虚作假、搞形式主义；学校管理过分行政化，行政干涉学术过多、官本位严重；学校产业化问题，错误强调学校科研要产业化，使基础科学研究萎缩；学校关系化问题，社会和学校人治大于法治，师生办事常常要找关系才能办成，使杰出人才成长受限；"官员"型校长多，优秀校长少，并进一步助长了学校的"官本位"和教职工的"官念"；教师学术不端行为和学术腐败现象愈演愈烈，甚至涉及部分党委书记和校长及"知名"学者，但处理惩治既慢又不严；学生考试作弊现象未得到有效管治，考前划重点、范围成常态；教学和科研奖励及科研项目申请、各级各类荣誉称号评选中，拉关系和"任人唯亲"现象时有发生，造成公正性缺失，制约了杰出人才出现；学校从上到下搞创收，教师无法专心致志做学问，官员搞潜规则买学位严重破坏大学学术生态；许多教授喜欢做官，不喜欢做学问，不喜欢承担教课任务……以上这些问题都亟待教育体制和管理的尽快改善。

针对以上问题，专家们也提出了相应的改革措施，诸如加快高等教育体制改革、扩大高校办学自主权、大学管理去行政化、高等教育去产业化、完善大学治理体系、建立健全现代大学制度等。近年来，全面高等教育改革正稳步推进，有些高校改革力度大、效果显著，甚至有的在尝试举办新型现代大学。随着改革的不断深化，中国高等教育综合实力的提升，钱学森的宏愿必将得以实现。

问题在于，我们的大学是否仅仅培养大师？或者说我们培养的学生能否都成为大师？答案是不言自明的。举例来说，一方面随着文化产业的发展急需相关产业人才，另一方面我们培养的美术、音乐等人才出现就业难，这就存在着一个培养目标与产业需求的脱节问题。一句话，学美术不一定都要当画家，学音乐不一定都要当音乐家。文化产业发展需要的是美工、音乐、技能、产业管理与市场运营等合为一身的复合型人才。文化产业当然也需要大师级人物，但更多需要的是懂创意、能制作的文化产业人才。

（二）不是所有大学都要培养大师

与钱学森之问相关的还有另一个问题，就是并非所有大学都要培养大师。换句话说，只有高层次研究型大学才能也应该培养大师。相应地，地方高校的改革目标与发展定位就不能也不应该效仿研究型大学，而要从自身实际出发，围绕培养应用型人才的目标而开展建设。

具体地说，地方高校要围绕培养应用型人才的目标定位，在师资队伍建设、学科专业发展、科研与开发工作、人才培养模式创新及现代大学制度建设诸方面，都不要盲目向所谓研究型大学看齐，而要综合设计一套符合自身实际、适应区域经济社会发展需求的办学模式。当然，这里并不否定地方高校也必须向研究型高校学习和借鉴一些有益的东西，更需要加强与研究型高校的合作以促进自身的建设与发展。

（三）钱学森之问不只是问大学

钱学森之问不只是问大学，换言之，我们培养不出杰出人才不只是大学的事，这并不是推脱大学的责任。众所周知，应试教育从小学就开始了，家长看重的也是孩子的考试成绩，就是说我们从小培养的就是孩子的考试能力而不是创新能力和综合素质。至于大学的主管部门给了学校多少办学自主权，是否有利于培养创新型人才，大家也都有目共睹。更不用说官本位主义给大学造成的负面影响，长期占主导地位的观念是"学而优则仕"，而不是"学而优则创"。我们为什么培养不出大师？这个问题值得政府、社会、所有学校和家长共同反思。

同样地，大学改革也不只是大学的事，而是需要政府、社会、学校和家长共同关注协同推进。这涉及教育体制、教育理念、办学机制、社会环境方方面面的调整与变革。

不忘初心，方能远行。除了钱学森之问，全社会也都应反思："办大学为了什么？高等教育改革为了什么？"

三、学校定位量力而行

我们强调学校定位要量力而行，就是说大学是分层次的，不同层次的大学在发展定位和建设目标上应该有所区别。这对于传统"向上看齐"的办学观念是一个挑战。因为一个大学的校长或领导班子，总是把自己的目标定在高职院校必为普通本科，普通本科必为综合大学，综合大学要升格为985、211高校。如今国家开始实行"双一流"（一流大学、一流学科）建设计划，有些地方高校随之又瞄准了"双一流"。其实这正是传统高校发展的误区。似乎不升格或层次低一点学校就没有发展动力了。

这就面临一个问题：办学层次等于办学水平吗？答案似乎是不言自明的：层次高自然水平高。其实不然。这并非一个文字游戏，而是一个非常重要的关于高等教育结构的理论问题，更是一个直接影响高等教育改革和结构调整的非常具体的现实问题。

比较通常和典型的看法是，高层次就等于高水平，而低层次自然也就是低水平。其实这是一种非常错误的看法，至少是一种关于层次和水平及其相互关系的误解。应该说，办学层次与办学水平及其关系是高等教育结构调整和优化中两个非常关键的概念和问题，是一个大有文章可做的话题。而且，对这个问题认识上的差异，很可能对教育改革发展的实践带来非常不同的影响。

高等学校办学层次的不同体现在服务对象的差异，而办学水平的差异则反映服务质量的高低；办学层次不等于办学水平；低层次可以达到高水平，高层次也可能低水平。因此，正确认识层次与水平的关系是调整和优化高等教育结构的重要基础。

层次与水平是中国高等教育结构调整和优化的两个非常重要的抓手和切入点。同时，它们也是进一步改革、完善高等教育评估体制和政策措施的重要方面。最终结论是，办学层次不等于办学水平；高层次不等于高水平，低层次也不等于低水平；高层次大学也可能是低水平，低层次大学也可以达到高水平。

总之，地方本科高校的办学定位要实事求是、量力而行。既要往上看，即了解国家的方针政策和同类或同层次高校中佼佼者的示范效应，同时更要学会往下看，即深入了解经济社会特别是区域经济社会发展的实际需求。

四、合理规划 分层发展

（一）美国加州大学分层的启示

美国高等院校就性质而言可分为公立和私立两大类，公立院校是指由联邦政府、州政府和地方政府资助建立的学校；私立院校则是由个人及私人团体（如教会或企业等）资助建立的学校。四年制高校包括研究型大学、有博士学位授予权的大学、有硕士学位授予权的大学、有学士学位授予权的大学和其他四年制高校五类。

美国加利福尼亚州公立高等教育系统的组成，即加州大学系统(UC)、加州州立大学系统(CSU)及加州社区学院(CCC)。在这个公立高等教育系统中，各层次高校有着自己的学校定位和培养目标，可谓各司其职"安分守己"，并不盲目追求升格改名。但这并不影响学生往上发展的机会，因为不同层次学校之间能够学分互认，只要有意愿且有能力，较低层次高校的学生则可以继续往上走，寻求更大教育发展空间。当然，每个学生是否往上发展，要根据自身实际和需要而定。

（二）我国高等教育改革的原则和目标

中共中央办公厅、国务院办公厅印发的《关于深化教育体制机制改革的意见》（以下简称《意见》）提出，深化教育体制机制改革的基本原则是：（一）坚持扎根中国与融通中外相结合。继承我国优秀教育传统，立足我国国情，遵循教育规律，吸收世界先进办学治学经验，坚定不移走中国特色社会主义教育发展道路。（二）坚持目标导向与问题导向相结合。坚持以人民为中心，着眼促进教育公平、提高教育质量，针对人民群众反映强

烈的突出问题，集中攻坚、综合改革、重点突破，扩大改革受益面，增强
人民群众获得感。（三）坚持放管服相结合。深化简政放权、放管结合、
优化服务改革，把该放的权力坚决放下去，把该管的事项切实管住管好，
加强事中事后监管，构建政府、学校、社会之间的新型关系。（四）坚持
顶层设计与基层探索相结合。加强系统谋划，注重与《国家中长期教育改
革和发展规划纲要（2010－2020年）》等做好衔接。尊重基层首创精神，
充分调动地方和学校改革的积极性主动性创造性，及时将成功经验上升为
制度和政策。

《意见》指出，深化教育体制机制改革的主要目标是：到2020年，教
育基础性制度体系基本建立，形成充满活力、富有效率、更加开放、有利
于科学发展的教育体制机制，人民群众关心的教育热点难点问题进一步缓
解，政府依法宏观管理、学校依法自主办学、社会有序参与、各方合力推
进的格局更加完善，为发展具有中国特色、世界水平的现代教育提供制度
支撑。

要完善依法自主办学机制。依法落实高等学校办学自主权，完善中国
特色现代大学制度，坚持和完善党委领导下的校长负责制，发挥党委领导
核心作用。要改进高等教育管理方式。研究制定高等学校分类设置标准，
制定分类管理办法，促进高等学校科学定位、差异化发展，统筹推进世界
一流大学和一流学科建设。[①]

青岛大学原党委书记、校长范跃进在接受《青岛日报》记者采访时曾
说，"双一流"建设是长期的发展战略，并非教育资源的重新洗牌。中国
的高等教育要想成为世界一流，首先要建立一个完备的、层次合理、定位
科学的高等教育体系，而不是人人去争世界第一。"双一流"不是千校一
面，每个学校都应该思考在自己所属的层次上如何办出水平、办出特色。
青岛大学提出"育人以学生为本、办学以教师为本、管理以服务为本、发

---

① 中共中央办公厅、国务院办公厅《关于深化教育体制机制改革的意见》，中国政府网2017年
9月25日。

展以创新为本"的理念，对于凝聚人心、深化改革、提升质量，具有积极的价值。

（三）地方高校转型发展的难点与突破

地方本科高校存在的普遍问题是，人才培养理念不清晰，培养目标太笼统，培养模式设置不科学，教学中心地位不牢固，教学组织不健全，教师教学精力投入不充分，学生向学动力不稳定，学生动手能力不足、创新创业能力不强等。

2014年3月，在中国发展高层论坛上，教育部副部长鲁昕表示，教育部将促使600多所地方本科高校向应用技术、职业教育类型转变。一语激起千层浪，各地随即启动应用型大学试点。

之所以要建设应用型大学，原因在于：其一，目前社会需要既会动脑又会动手的人才，大学应适应这个需要，培养有较高知识水平和较强技能的人才。其二，我国高等教育已走向大众化、普及化，高校必须从单一的精英教育走向大众教育和普及教育，要突破单一的研究型模式，转向应用型。教育部早在2014年度工作要点中就明确提出，要引导一批本科高校向应用技术类高校转型。为此，必须坚守应用型大学的定位。围绕提升学生实践能力改进培养模式。围绕产业发展和文化建设需求设置专业，围绕专业需求配置资源。当然，应用型大学和高职院校都强调培养学生技能，但两者又有本质区别。例如，同样是造机器，应用型大学的学生不仅仅要像高职院校的学生，会使用和修理机器，还要掌握机器设计原理，具备研发和改良机器的能力。

可以说，向应用型大学转型，是一场"逆向革命"。以往，先设学科，再选专业，最后就业。现在，要先明确学生就业方向，再设置专业，最后组成专业群或学科群。"逆向革命"的结果是，学生能力大幅提高，出了校门就能胜任工作。

转型的关键是明确办学定位、凝练办学特色、转变办学方式。地方高校要真正转到服务地方经济社会发展上来，把办学定位转到培养应用型技术技能型人才上来，转到增强学生就业创业能力上来，把办学模式转到产教融合校企合作上来，形成科学合理的高等教育结构，提高人才培养质量。

当然，转型也面临一些困难和问题，需要积极面对突破。

首先，要转变观念，提高认识。由于受传统"重学轻术"思想的影响，加之职业类院校毕业生待遇总体不高，所以部分家长和学生可能不会选择具有职业教育性质的应用技术型高校，从而影响应用技术型高校的招生和发展。由此，需要全社会共同努力推动应用技术型高校的发展，特别是用人单位要避免院校身份歧视，根据国家和企业需要确定薪酬，吸引更多的学生到应用技术型高校就读。

有分析表明，赴美国顶尖大学留学的中国学生，毕业后有所作为的其实并不多。原因是，这些顶尖系科的美国学生在各方面可能表现非常突出，特别容易让初到美国的中国学生失去信心，甚至自惭形秽，从此改变人生道路。[1] 同样地，就国内学生而言，是否每个学生都要走本科—硕士—博士的求学之路，其实并不见得。"学而优则仕"的思想根深蒂固，家长总希望孩子有个高学历进个管理层，但往往脱离学生自身实际，事与愿违，反而贻误孩子一生。

同时，地方高校的领导也需要转变观念。不能盲目向所谓"高层次"高校看齐，一味追求"研究型"或"学术型"大学模式。要从国家高等教育整体布局和高校长远发展、特色发展出发来科学定位，自觉搞好自身转型发展问题。有专家认为，应用型跟高水平或学术型并不矛盾，应用型大学同样可以办成高水平大学。应用型是高等教育的一种类型，而不是一个层次。服务地方区域经济发展，才是地方高校的"主业"，而不是埋头象牙塔，到了刺刀见红的时候就不行了。

其次，要解决专业与课程设置问题。观念和认识问题解决了，还存在专业与课程设置问题。要改变"大而全"的专业设置模式，真正从社会特

---

① 饶毅《我为什么反对中国学生上美国顶尖大学》，《读者》2017年第21期。

别是区域经济社会发展需要出发。课程设置也不能仅仅局限于学科逻辑设计，多数课程要根据行业企业需求、职业和岗位需求来设置。

第三，要解决师资问题。有了可行的专业与课程，还需要有相应的师资队伍。无论从欧洲应用技术型大学的办学实践来看，还是从我国高职高专院校的办学实践来看，"双师型"师资队伍是办好应用技术型高校不可或缺的重要条件。德国应用技术大学之所以效果好、有名气，原因之一就在于有一支素质过硬的"双师型"师资队伍。

第四，要加强实践，突出应用。要确保应用技术型人才培养质量，必须实现产教融合、校企合作，通过建立企业提供实习实训减免税收制度等，保证企业接受学生实习实训，提高学生实习实训质量，夯实学生的应用能力。

最后，要明确科研定位。一方面，应用技术型高校必须具备较强的科研能力，以区别于普通职业院校；另一方面，科研定位又不能是基础研究，以区别于研究型或学术型高校。应用性科研是应用技术型高校区别于学术型和专科层次院校的基本特征之一。

（四）山东、上海分类指导的探索

山东省高等教育名校建设工程（简称"山东特色名校工程"）被誉为"山东省版211工程"或"鲁版211工程"。为解决山东省高等学校面临的办学模式单一、同质化倾向明显、学科专业结构不能够适应经济社会发展等问题，山东省决定在地方高校中遴选一批应用基础型、应用型和高素质技能型人才培养特色名校，进行重点建设。进入名单的高校，将在资金、资源等方面获得更大支持。山东省委、省政府2010年底发布的《山东省中长期教育改革和发展规划纲要（2011–2020）》提出，按照应用基础人才、应用人才、技能人才3个培养方向，重点建设3—5所应用基础型人才培养的特色名校、10—15所应用型人才培养特色名校、20所技能型人才培养的特色高职高专院校。

实施高等教育名校建设工程，是山东省委、省政府大力发展高等教育，指导高等教育特色发展，全面提高高等教育质量，形成层次类别清晰、具有山东特色的高等教育体系，增强高等教育的竞争力和服务全省经济社会发展能力，实现由高等教育大省向高等教育强省跨越的重大决策。要求各立项建设单位深刻认识人才培养特色名校建设的重要意义，以高素质应用型、技能型人才培养为目标，以重点专业建设为平台，进一步明确办学定位，突出办学特色；优化学科专业结构，培育和发展与山东经济社会结构、战略性调整和现代产业体系建设相匹配的优势专业和特色专业；加强教师队伍建设，建立科学的教师工作评价制度，提高教师教书育人的积极性；牢固树立教学工作中心地位，不断深化教育教学改革，创新人才培养模式，提高人才培养质量；充分发挥人才资源优势，增强社会服务能力；切实加强办学体制机制建设，不断提高办学水平，实现高等教育又好又快发展。

建设思路是，以高素质应用型人才培养为目标，以专业建设为着力点，坚持"整体设计、分类管理、重点建设、示范带动、全面推进"的原则，按照应用基础型人才、应用型人才和技能型人才培养定位，遴选部分高校进行重点建设，打造人才培养特色名校，增强高等教育服务本省经济社会发展的能力。

建设目标是，在山东省地方高校中遴选一批应用基础型、应用型和高素质技能型人才培养特色名校，进行重点建设。重点建设3—5所应用基础型人才培养的特色名校。建设成为适应山东经济社会发展需要的高层次创新人才培养基地，在人才培养、科学研究、社会服务、文化传承和管理水平等方面，达到国内同类院校先进水平。重点建设10—15所应用型人才培养特色名校。建设成为服务于山东区域经济社会发展，能够支撑现代产业体系的高素质应用型人才培养基地，在全国同类高校中有较为突出的办学特色和较高的办学声誉。重点建设20所技能型人才培养的省级示范高职高专院校。建设成为适应区域经济社会发展的高素质技能型人才培养示范基地，培养本省行业企业急需的高级技能型人才，在全国同类高校中有较大影响。

需要强调的是，实施高等教育名校建设工程的出发点是好的，但必须克服重审批轻建设、重评估轻效益、重包装轻内涵的传统管理和考核模式，引领地方高校全面深化改革，加强内涵建设，提高教育教学质量，真正把大学建设成为人民满意、质量优秀、名副其实的特色名校。

2018年1月，山东省教育厅等部门出台了《关于深化高等教育领域简政放权放管结合优化服务改革的实施意见》，《意见》从扩大高校办学自主权、健全高校治理机制、强化监管优化服务三大方面提出实施意见。深入推进山东省高等教育综合改革，让高校拥有更大办学自主权，激发高校办学活力。

上海市实施分类别和差异化指导。《上海市教育综合改革方案（2014 — 2020年）》对高等教育实施分类别和差异化指导，根据部属高校、市属本科高校、市属专科高校和民办高校各自特点，制定自身发展定位和综合改革方案。

上海高校二维分类标准

	综合性	多科性	单科性（特色）
学术研究型	综合研究	多科研究	单科研究
应用研究型		多科应用研究	
应用技术型		多科应用技术	

通过分类别和差异化指导，引导高校在各自领域和类型中争创一流办出特色。各地高校通过科学定位、合理规划，实现分层发展、分类发展，克服千校一面的状况，激发地方高校的办学活力。

上海市人大常委会2017年12月28日表决通过《上海市高等教育促进条例》（以下简称《条例》）。这是全国第一个高等教育的地方条例。《条例》共分六章52条，固化了教育综合改革探索积累的经验做法，拓展了高等教育改革的广度和深度，为推动上海高校"双一流"建设保驾护航。

《条例》要求，将"立德树人"作为高等学校德育评价的重要内容，对学校教育质量评价、教师职务评聘和考核评价、学生思想品德考核做出细化规定，从教育教学全过程和各环节落实"立德树人"要求，推动形成教书育人、管理育人、科研育人、实践育人、服务育人、文化育人、组织育人长效机制。

《条例》明确，高等学校应当建立健全教师职业培训和发展、教学岗位职责、教学工作规范、教学奖励、教授为本科生授课等制度，强化教学激励机制，并通过加大教学投入力度、创新培养模式和机制、完善教学质量保障体系等措施，提高教育教学质量。《条例》吸纳了本市高等教育布局结构发展规划、学科布局规划和职业教育规划的内容，固化了上海教育综合改革的经验和成果。此次的《条例》明确了规划的核心内容，将高校分类发展、地方高水平大学与学科建设、学科专业设置应用型人才培养等规划内容予以规定，以凸显规划内容的法律效力。

上海市教委目前正在研究制定《上海高校分类管理指导意见》，拟通过高校分类设置与分类建设、人才培养分类指导、学科专业分类发展、办学质量分类评价，以及人事制度、经费投入、资源配置的分类管理等举措，建立健全上海高校二维分类发展体系，促进高校科学定位、差异化发展，引导高校凝聚办学特色，聚焦发展重点，立足各自领域争创一流，全面提高本市高等教育的质量、内涵和水平。

青岛大学推出八项重大改革：（1）完善治理结构，提升治理能力；（2）深化教育教学改革，全面提高人才培养质量；（3）改革干部人事制度，打造高水平教师队伍和管理队伍；（4）改革科研运行方式，提高学科建设水平和原始创新能力；（5）深化资源配置机制改革，提高资源整合水平；（6）深化社会服务机制改革，提升服务经济社会发展能力；（7）推进大学文化建设，塑造优良的校风、教风、学风；（8）推动对外开放办学，提高国际化水平。同时制定启动了青岛大学一流本科教学改革建设方案，正确处理成人与成才、教书与育人、知识传授与创新能力培养、教学与改革、教学情景设置与教学模式的关系，全面推进教学改革，提高教育教学质量。

地方本科高校要从自身实际出发，制定切实可行的改革措施和发展战略。不要以"改革"为幌子盲目折腾，一届班子搞一个改革方案，搞得师生无所适从。不要热衷于制造各种口号，更不要把口号当战略。"所谓战略，是基于学校长远发展需要所提出来的一整套办学路线图。战略最核心的要素有三个：第一是愿景；第二是目标；第三是行动。"① 有的高校往往提出"XX立校""XX兴校""XX强校""XX名校"之类口号作为发展战略，这样提当然精练易记，但往往是以偏概全，其实我们如果把这些"XX"互换一下，照样是成立的，因为我们无论做好哪一方面，都是可以使学校立、兴、强或名起来的。

另外，对于特色名校建设，也需进行全面准确的理解与探索。什么是特色？人无我有、别具一格，相对稳定，成绩突出，就是特色。不要一提特色，就只局限于传承地域文化。实际上，在学校定位、办学模式、教学工作、科研创新、社会服务和文化传承等各方面，都可以出奇招、创特色。

---

① 别敦荣《论我国大学治理》，《山东高等教育》2016年第2期。

第三章　学科建设与专业建设

一、学科与专业建设不能两张皮

（一）优势学科重点扶持

一所高校的优势学科是这所高校的品牌，而优势学科的建设则需要学术积淀和重点扶持。所谓学术积淀，就是围绕这一学科经过师资队伍建设、科研和教研积累、人才培养与社会效益等方面，逐渐形成了自身的优势和特色；所谓重点扶持，就是学校乃至教育主管部门依据区域经济社会发展的需要，有针对性地激励和支持相应学科的建设与发展。

重点学科建设的目的是扶优扶强，以发挥学科带动和示范作用。值得注意的是，建设重点学科不但需要硬件建设，更要重视软件建设。要创造吸引和凝聚人才创业创新的软环境，要在学术凝练和梯队建设方面科学引导，要在学科建设、专业融合与人才培养的协同上加强协调，不能只顾每年投入多少经费出了多少成果，而忽视学科建设对人才培养的实际效益。

（二）学科建设不只是重点

学科建设要突出重点，但学科建设又不仅仅是重点。因为每一个专业和课程都有相依托的学科，而相应学科在师资队伍建设、科学与教研成果等方面的发展，都直接影响着专业建设和人才培养质量。有的高校只有课程意识没有专业意识、只有专业意识没有学科意识，培养的学生只是达到了多少学分，却不能从学科与专业的角度引导学生就业与创业。

为此，在学科建设方面，必须处理好重点与非重点的关系，重点学科要发挥龙头带动作用，非重点学科也要加强自身建设，不能成为学校发展的短板。

（三）学科与专业相辅相成

学科建设重在优化知识体系，专业建设重在优化课程组合，二者之间相互依托、相辅相成。现实中不乏这样的现象，有的高校一方面围绕重点学科不惜重金"招兵买马"，另一方面一些热门专业仅有几位年轻教师应付上课。这种学科与专业建设两张皮的现象，脱离了学科建设的本意。特别是对于地方本科高校来说，必须正确处理好学科与专业建设的关系，以学科建设带动专业发展，以专业发展促进学科建设，使学科与专业相辅相成，学科队伍与专业队伍有机融合，最终促进人才培养质量的提高，提升学校的综合实力。

当前，人才的供给和市场需求"对不上"的结构性矛盾突出，区域经济社会发展最为需要的应用型、复合型、技术技能型人才十分紧缺，服务国家重大战略和未来发展需要的高端人才亟待超前谋划培养。专家建议，要继续强化学科专业发展要贴合经济社会发展需求的理念。学科发展和专业设置要自觉与国家经济社会发展的新要求贴紧靠实，瞄准行业企业发展趋势，适应经济社会发展需要，服务国家战略需求，为经济转型升级提供高质量人才和高水平科研的支撑。

中国高校的办学要特别关注学科专业对国家和区域经济社会发展需求的适应度，领导精力、师资力量、资源配置等对人才培养的保障度，办学质量和效益对现代化建设的贡献度，学生、家长、社会对人才培养质量的满意度。

二、重点学科如何建设

（一）适应社会需要，发掘自身优势

搞好学科建设必须重视社会需要与自身优势的有机结合。脱离社会需求，脱离自身实际搞学科建设，只能是闭门造车乱搞一通。随着经济转型发展和创新驱动战略的实施，特别是全社会对先进科技和高素质人才需求日益增加，高等教育正在走向社会的中心，角色定位从过去的支持服务型逐步转向服务和引领同步。这就要求学校的学科建设，特别是重点学科建

设必须坚持需求导向，与国家"四个全面"（即全面建成小康社会、全面深化改革、全面依法治国、全面从严治党）战略部署和"五位一体"总体布局及"四化同步"发展新要求贴紧靠实，通过拓展服务能力和提升贡献力实现与经济社会的深度融合。同时，要综合分析现有学科基础和师资队伍结构，结合区域定位和特色优势，确立自身的学科方向和重点领域，强化建设，瞄准目标，集中突破。

地方本科高校要加强学科建设，支持各学科科学定位、分层发展，进一步彰显优势和特色。正如青岛大学原党委书记、校长范跃进在接受《青岛日报》记者采访时所说，大学之用，在于对社会贡献之大。学科建设的最终目的并非追求排名，服务地方科技创新、契合社会经济发展才是本真。温州医科大学校长吕帆认为，地方高校要善于打好"地方牌"，围绕国家目标导向和地方经济需求，明确学校的服务面向和价值定位，把学校发展和学科建设根植于所在区域，从深入实施创新驱动发展战略的角度审视学校发展与区域建设中的互动共生关系。[1]

（二）凝练学术方向，形成学术团队

确定了重点建设学科，只是学科建设的第一步。明确了建设目标，还需要集中优势兵力，发挥团队优势，构建合理梯队。要进一步凝练学术方向。一个重点学科往往有多个学术方向，必须从当地需要和自身实际出发，选准几个重点方向，通过几代人的不懈努力，持续建设发展，不间断地推进创新和提升服务，像滚雪球一样积累成果形成优势与特色。有的高校在学科建设中，由于学术方向分散甚至不稳定，或者梯队成员缺乏方向凝聚力，团队意识不强，往往各自为战，结果影响了学科建设的成效。结果是，年复一年，学科一直在建设，学校投入也不少，但在人才培养、社会服务、成果创新等方方面面都没有大的作为。也有的高校受行政化和官本位影响，根本不考虑学科建设的持续性或相对稳定性，在二级院系班子调整后，马上另起炉灶搞新的"重点学科"，团队缺乏凝聚力和持续性，

---

[1] 吕帆《地方高校要依托学科建设突围》，《中国教育报》2018年1月16日。

结果十几年下来一直在搞重点学科建设，其实还是找不到"重点"，只是低水平重复，形不成优势与特色。

（三）一要出成果，二要出人才

加强重点学科建设，就是要发挥拉动作用，带动一个二级学院部（系所）的整体发展，直至带动整个学校的提升和发展。搞好学科建设，一要出成果（成效），二要出人才。重点学科的成果不但看数量，更要看质量，因为你是重点，学校甚至上级（企业）重点扶持的。高质量，高层次，高品位，最终落实到高效益（包括社会效益和经济效益）。重点投入却导致低层次重复，甚至制造了一些"学术垃圾"，就违背了重点建设的初衷。

重点学科建设不但看成果（物化的东西），还要看人才（活态的东西）。不仅要看学科梯队的建设与师资队伍提升的情况，更要看培养的学生（本科生或研究生）的质量和素质提升的情况。重点建设的目标不是培养几个学术"大腕"，更要促进人才特别是学生培养质量的提高。最终要落实到学生创新、创造、创意、创业能力和综合素质的提升上。

笔者作为省级重点学科"区域经济学"学术带头人和校级重点学科"马克思主义中国化研究"学科带头人，自始至终参与了学科的申请、建设与验收工作，几年下来尽管成绩斐然，但总的感觉学科团队缺乏凝聚力，梯队成员各自为战，往往是年度或终期考核验收时"拼成果"。如何凝练学术方向、加强学术合作、优化学术团队，对于形成学科优势、打造学科特色、保障学科持续发展十分重要。

三、专业优化与质量提升

（一）专业建设重在优化

地方高校专业建设的基本思路应是由数量扩增转向质量提高，由迅速发展转向规范发展，再向稳步持续发展的方向前进。必须坚持需求导向，突出应用性、实践性，主动适应区域经济社会发展需求。

优化专业结构，调整专业方向。按照社会需求、专业发展调整专业方向。结合本校办学优势与发展定位，主动适应国家战略性新兴产业发展和地方经济发展的需要，及时调整专业结构，采取全面建设和重点建设相结合的方针，分期、分批、分级推进学校的专业建设。强化传统优势专业，培养特色专业，有计划地开拓尚属空缺的新专业，促进专业建设向多科性、综合化的方向发展。

依托优势学科专业，提升专业总体水平。围绕学校发展目标和特色，以优势学科带动特色专业建设，建设发展新专业、建设专业群；同时依托基础学科，通过交叉、延伸和渗透，大力发展与经济建设和社会发展密切相关的战略性新兴产业相关专业。

加强专业内涵建设，积极推进本科教学工程。从人才培养模式、师资队伍、课程改革与教学资源建设、实践教学环节等专业发展的关键环节着手，进行专业综合改革；实行国家级、省级、校级三级梯度建设规划，国家级与省级择优立项，校级实行扶持性立项。

围绕区域经济建设和社会发展需要，调整优化学科专业布局，适当控制专业规模，着力提高学科专业与区域经济社会发展的契合度，形成科学合理的学科专业体系。适应区域产业集群化发展的趋势，地方高校要搞好专业群建设，以更紧密地对接服务区域经济发展和培养应用型人才。要加强专业交叉与融合，注重培养适应经济社会发展需要的复合型应用人才。

（二）专业建设注重质量

大力实施"质量工程"建设，强化教学在学校工作中的中心地位，有力地引导和促使学校以人才培养为中心的内涵建设，构建与高等教育大众化进程相适应，有利于培养创新型人才的教学工作新平台。

专业建设是一项系统工程，有许多工作需要探索和实践。

第一，在现有专业建设工作的基础上，继续以全面提高人才培养质量为目标，以本科教学项目申报工作为核心，以发掘、整合优势项目为出发点，以宣传、建设已获批项目为示范，进一步推动高校专业建设的全面发展。

第二，强化国家级、省级"质量工程"项目的示范、辐射和引领作用，扩大辐射面，注重优秀教学成果的示范推广，推动优质教学资源共享，扩大学生受益面，优化高等教育教学成果奖励机制，进一步将广大教师、学校领导的注意力和精力引导到教育教学改革中来。

第三，加大孵化和培育校级"本科教学工程"项目力度。积极开展"大学本科教学工程"建设，完善梯度培养机制，以专业建设为龙头，孵化和培育高水平的质量工程项目。争取更多的省级项目立项，在特色课程、教学团队、教学名师、示范实验中心等方面努力实现国家级项目新突破。同时，对已获立项的质量工程项目实行目标管理，加强动态测评、验收工作，定期总结经验，完善建设思路，推动"本科教学工程"项目的改革和建设并取得预期成效。

2018年1月30日，教育部发布了《普通高等学校本科专业类教学质量国家标准》，这是我国高等教育领域首个教学质量国家标准，涵盖了普通高校本科专业目录中全部92个本科专业类、587个专业，涉及全国高校56000多个专业点。

"本科教育是高等教育的基础和根本，专业是人才培养的基本单元和基础平台"。教育部高等教育司司长吴岩介绍，提高高校人才培养能力，必须建立本科教学质量国家标准，实现政府以标准来管理、高校以标准来办学、社会以标准来监督，用标准加强引导、加强建设、加强监管。[①]

这一国家标准明确了各专业类的内涵、学科基础、人才培养方向等。对适用专业范围、培养目标、培养规格、师资队伍、教学条件、质量保障体系建设都做了明确要求，特别对师资队伍数量和结构、教师学科专业背景和水平、教师教学发展条件等提出定性和定量相结合的要求。同时，明确了各专业类的基本办学条件、基本信息资源、教学经费投入等要求。

下一步，教育部将成立2018年至2022年教育高等学校教学指导委员会，开展标准的宣传、解读、推广工作。标准发布后，各地、各相关行业部门要据此研究制定人才评价标准；各高校要修订人才培养方案，培养多

---

① 新华网2018年1月30日。

样化、高质量人才。此外，教育部将把标准的实施与"一流本科、一流专业、一流人才"建设紧密结合，对各高校专业办学质量和水平进行监测认证，适时公布"成绩单"。

四、深入推进产教融合

（一）产教融合面临的问题

发展改革委负责人认为，当前产教融合发展还面临不少瓶颈和制约因素，比如教育人才培养和产业需求存在着"两张皮"问题，主要表现在：宏观层面，教育和产业统筹融合、良性互动格局尚未根本确立。一些地方发展"见物不见人"，教育资源规划布局、人才培养层次、类型与产业布局和发展需求不相适应，技工、高技能人才需求率居高不下，部分高校毕业生就业压力持续增大，人才供需结构性矛盾凸显。微观层面，校企协同、实践育人的人才培养模式尚未根本形成，校企合作"学校热、企业冷"，处于浅层次、自发式、松散型、低水平状态。企业参与办学积极性不高，课程内容与职业标准、教学过程与生产过程相对脱节，"重理论、轻实践"问题普遍存在。政策层面，缺乏促进产教融合、校企合作的整体性、系统性政策供给，激励保障服务还不到位，政府企业学校行业社会各负其责、协同共进的发展格局尚未健全。

（二）推进产教融合的重要措施

2017年12月，国务院办公厅印发了《关于深化产教融合的若干意见》（以下简称《意见》）。《意见》明确，要同步规划产教融合与经济社会发展，将教育优先、人才先行融入各项政策；统筹职业教育与区域发展布局，引导职业教育资源逐步向产业和人口集聚区集中；促进高等教育融入国家创新体系和新型城镇化建设；建立紧密对接产业链、创新链的学科专业体系，大力支持集成电路、航空发动机及燃气轮机、网络安全、人工智能等学科专业建设；健全需求导向的人才培养结构调整机制，强化就业市场对人才供给的有效调节，严格实行专业预警和退出机制。

《意见》提出，鼓励企业依法参与举办职业教育、高等教育，坚持准入条件透明化、审批范围最小化。深化"引企入教"改革，支持引导企业深度参与职业学校、高等学校教育教学改革。支持校企合作开展生产性实习实训，鼓励企业直接接收学生实习实训。以企业为主体推进协同创新和成果转化，加快基础研究成果向产业技术转化。发挥骨干企业引领作用，带动中小企业参与，支持有条件的国有企业继续办好做强职业学校。

《意见》要求，要推进产教融合人才培养改革，将工匠精神培育融入基础教育。推进职业学校和企业联盟、与行业联合、同园区联结，实践性教学课时不少于总课时的50%。健全高等教育学术人才和应用人才分类培养体系，为学生提供多样化成长路径。大力支持应用型本科和行业特色类高校建设，提高应用型人才培养比重。鼓励有条件的地方探索产业教师（导师）特设岗位计划。完善考试招生配套改革，逐步提高高等学校招收有工作实践经历人员的比例。

《意见》强调，要强化行业协调指导，规范发展市场服务组织，打造信息服务平台，健全社会第三方评价，促进产教供需双向对接。要利用市场合作和产业分工，构建校企利益共同体，形成稳定互惠的合作机制，促进校企紧密联结。

《意见》明确将产教融合作为高校改革发展的重要任务，主要有4个方面的考虑。

一是准确把握我国高等教育发展的阶段性特征。2016年我国高等教育毛入学率42.7%，各类在学总规模3699万人，高等教育加速由大众化向普及化迈进。经济社会发展对人才和创新的多样化需求，推动高校的办学定位和功能发生深刻变化，要求高校向内涵发展转轨，加快培养各类高素质劳动者。深化产教融合，就是要加快高等教育发展方式转变，不断增强服务经济社会发展能力。

二是加快推动高等教育结构调整。在不同层次深化产教融合，以结构调整促进质量提升，已成为应用型本科高校和高水平大学的一致共识。我们将重点聚焦三大举措：第一，完善类型结构，持续推动应用型本科高校转型，办好一批高水平示范性高校，促进专业建设和产业需求融合对接。第二，优化区域结构，继续加强中西部高校基础能力建设，以提升实践教学能力为重点，提高人才培养水平，服务地方发展，带动中西部高等教育振兴。第三，提升学科结构，以学科建设为基础，统筹推进"双一流"建设，重点支持中央高校聚焦四类学科基础设施建设，促进高校学科和人才优势转化为创新优势和产业竞争优势。

三是积极促进高校毕业生就业创业。近年来，全国高校毕业生人数逐年攀升，规模连创历史新高。在毕业生总量继续增大的同时，就业的结构性矛盾更为凸显，迫切要求高等教育加快转型发展，改革人才培养机制，实行学术人才和应用人才分类、通识教育和专业教育相结合的培养制度，增强学生应用实践和就业创业能力。

四是加速高校科技成果向产业转化。深化高等教育产教融合，促进校企协同创新，有助于缩短成果转化链条，加快高校创新力向产业竞争力转换，让高校真正成为催化产业技术变革、加速创新驱动的重要策源地。

《意见》从7个方面提出了30项措施意见，有以下亮点：

一是明确"四位一体"体系架构。《意见》首次明确了深化产教融合的政策内涵及制度框架，完善顶层设计，强调发挥政府统筹规划、企业重要主体、人才培养改革主线、社会组织等供需对接作用，搭建"四位一体"架构，将产教融合从职业教育延伸到以职业教育、高等教育为重点的整个教育体系，上升为国家教育改革和人才开发整体制度安排，推动产教融合从发展理念向制度供给落地。

二是将教育先行、人才优先融入各项政策。《意见》着眼促进人力资本积累，提出制定实施经济社会发展等各类规划时要明确产教融合要求，同步规划产教融合发展政策措施、支持方式、实现途径和重大项目，将人才作为支撑发展的第一资源，在提升人力资本中推动发展质量、效率和动力变革。

三是强调企业重要主体作用。《意见》坚持问题导向，找准症结，着眼发挥企业重要主体作用，提出企业办学准入条件透明化、审批范围最小化，实行"引企入教"改革，健全学生到企业实习实训制度等，推动企业多种形式参与办学，支持企业需求融入人才培养，由人才"供给－需求"单向链条，转向"供给－需求－供给"闭环反馈，促进企业需求侧和教育供给侧要素全方位融合。

四是合理划分政府、社会组织和市场边界。《意见》不搞行政命令式"拉郎配"，侧重加强企业行为信用约束，强化行业协会组织协调，促进中介组织和服务型企业催化，打造"互联网＋"信息服务平台，化解校企合作的信息不对称，降低制度性交易成本，体现市场配置资源的改革取向，落实"放管服"改革要求。

五是完善产教融合推进机制。《意见》提出，重点构建三项推进机制：一是重点在学校侧，实施产教融合工程，引导各类学校建立对接产业需求的人才培养模式。二是重点在企业侧，加强财税用地和金融支持政策协同，鼓励企业投资产教融合。三是重点在地方政府等层面，开展产教融合型城市建设等试点，支持有条件地区、行业和企业先行先试，完善评价引导，推进以评促建。

五、大学与市场：不是亦步亦趋

（一）虚假就业率究竟害了谁

一所大学的就业率直接影响着其声誉和招生状况。正因为如此，不少高校在毕业生就业率的统计上报方面屡屡造假。媒体报道，有的高校规定，毕业生拿不到就业协议就不给毕业证。据媒体报道，有一个小复印部，竟然签约了十几位毕业生。如此造假，不仅对毕业生不利，更不能准确反映高校毕业生就业实际，影响对高校专业发展的正确研判和政策调整，对大学的科学发展带来无穷后患。

（二）市场需求与大学发展

在市场经济时代，大学发展必然自觉不自觉地受到市场经济的影响。人才培养必须适应市场经济发展的需要，特别是学生的就业前景与专业设置与培养模式直接关联。应用型研究特别是科技开发也必然要关注市场动向。社会服务必须以市场需求为依据。文化传承创新也不能游离于市场之外，其中的文化产业研究与开发更是要考虑市场行情也就是经济效益。在市场经济条件下办大学，不但要遵循高等教育规律，还要遵循市场经济规律。无视市场经济发展，闭门造车，无论是人才培养还是科学研究都很难取得最好的社会效益和经济效益。

（三）大学与市场并非亦步亦趋

教育不是产业，不能像办产业那样办教育，要敬畏和遵循教育教学规律。大学毕竟不是企业，教育尤其是高等教育不能搞"产业化"或市场化。这不仅是社会主义大学的性质和特点不允许，更在于大学具有大学的特质和功能。大学的教学、科研、服务和文化传承创新，不但要考虑市场波动和社会需求，还要引领社会、引领创新、引领文化。市场发展往往具有盲目性，办大学如果紧盯市场盲目跟风，必然会迷失方向、失去自我。所以无论是学科专业设置调整，还是人才培养模式改革创新，都不能仅仅以市场为导向，而要从国家大局出发，从人才全面发展出发，从大学科学持续发展出发。按照办企业的模式办大学，搞所谓"产业化"，只能把大学引入歧途，甚至是死路一条。办大学不同于搞"工程"，不能急功近利、急于求成、立竿见影。

对于当前所谓大学生就业难，不能仅仅从高校本身找原因，甚至简单地认为高校办学脱离了市场需求。研究表明，深入考察珠三角、长三角发展历史和现状，会发现大学生就业难现象发生的根本原因是因为没有比较优势，原因在于长期以来中国选择以出口为导向的发展战略所致。正是这一发展战略引致形成了特定的产业结构和经济发展方式，而大学生在这种特定的产业结构和经济发展方式之中没有比较优势。换言之，解决大学生就业难问题，需要国家发展战略调整与高校内部改革同步进行。随着国家经济发展方式转变和创新驱动战略的实施，地方高校的改革发展也面临新的机遇和挑战。

第四章　课程建设与课堂教学

一、从套餐到自助餐：自主选课有待推进

（一）课程结构有待优化

优势学科与专业建设必须依托良好的课程体系结构。地方本科高校需要深化学分制改革，加强通识课程、学科基础课程、专业课程三大课程平台建设，搞好专业前沿系列课程建设。改变"单打一"式的课程建设模式，按照大课程框架，建设由相关相承、渗透互补的课程组成的课程群和系列课程。校企合作共同开发实践教学特色课程，注重课程内容与实践的接轨。依托专业大类或系列课程进行精品课程群建设，逐步形成国家级、省级、校级精品课程体系。

课程设置必须从学科专业建设实际出发，不能简单因人设课。要保障人才培养的正确方向，不能盲目追新逐洋迷失方向。要注重课程体系的整体性和有机性，不是课程的简单罗列堆积。要坚持理论与实践的有机结合，第一课堂与第二课堂的衔接互补，防止理论与实践相脱离。坚持实体课程与网络课程相结合，充分发挥现代教育技术的作用。

（二）自主选课逐步推进

所谓自主选课，就是学生可以按照自己的兴趣与爱好，去选择喜欢的老师和喜欢的课程去学习。为培养学生的兴趣与爱好，必须突破中国传统的应试教育模式，把"要我学"，变成"我要学"。也就是说，学生在完成必修课程的基础上，有很大的"课程选择权"，可以在一定的范围内

"想学什么就学什么"。

但从目前高校学生自主选学情况来看，存在着两个突出问题：一是专业选修课由于受师资力量限制，往往变"学生选学"为"教师选择"，学生真正想选的课却开不起来；二是在通识教育选修课方面，学生"选择"的唯一标准是好学好玩好通过，即仅仅是为了凑学分。对此，学校方面需要整合师资力量，尽量多开设专业选修课，给学生以自主选择的更大空间；同时，要引导学生多为提升自身综合素质、适应社会发展需要而选学，珍惜每个学分的"含金量"，杜绝混学分的"酱油党"。

山东省教育厅原厅长左敏提出，山东高校将加大改革力度，在课程体系方面，出台山东省高校创新创业教学标准，探索构建"通识课程＋创新创业课程＋专业课程＋实践教学"的模块化课程体系。在课程结构方面，扩大选修课比例，选修课占总学分比例不低于40%。

二、学分制不是简单的分数累积

（一）学分制的国外探索

19世纪末期，随着高等教育的不断发展，学分制伴随着选课制度在美国出现并逐步确立。学分制是以选课制度为基础，以学生的学分数位标准计算学习量，以最低学分为结业标准的教育管理制度。学分制的教育理念因讲求"把学生放在主体地位，尊重学生间的差异，注重学生个性的发展"而被世界各地的学校广为运用。

世界上不少国家对学分互认和转移进行了积极的探索实践，其中较为成功并产生了较大影响的有美国学分衔接和转移政策、欧洲学分转换与累积系统、澳大利亚资格框架、韩国"学分银行"体系、加拿大的学分转移制度等。

虽然，上述国家对学分互认和转移做了多年的研究和探索，但依然存在一些问题有待解决。缺乏统一的标准是普遍性问题。

学分制之所以受到世界上众多高校的欢迎，是因为它作为一种先进的教学管理制度，具有选择的灵活性、学习的自主性和人才培养的适应性等优势。

（二）现行学分制存在的主要问题

学分制随着近几年高等教育的快速发展迅速在高等学校被推广应用，其原因在于它较学年制更适应现代教育观念：在强化素质教育，加强学生创新能力等方面弥补了教学的不足，同时它在教学过程中引入竞争机制，增强了教学活动的活力。为了尽快地形成一种科学的、适应我们高等教育自身特点的学分制教学管理模式，使学分制教学管理步入正轨，需要在实践中不断地总结经验教训，从教学设备配置、师资分配、课程建设、教学组织、学生管理等方面对学分制实践进行系统分析，形成科学有效的学分制度体系。

《国家中长期教育改革和发展规划纲要（2010—2020年）》提出了建设"学分银行"的任务，以此形成终身学习"立交桥"的枢纽，进一步打通各类教育之间和学校之间的隔阂，促进优质教育资源的整合和交融。

从目前高校实行学分制的实际情况来看，主要存在如下问题：首先，学分制是我国由西方引进的，西方在实行学分制前是实行选科制，而我国一直以来都在实行学年制，单这一变化就使得我国大多数人在思想方面难以适从；其次，国家提倡教学要因材施教，而推行学分制也正可以使学生根据自己爱好、特长去选择喜欢的科目就读，但是，也正因此而导致大多数学生盲目选科，专业热的越热，冷的越冷，重量不重质，使得冷门专业的高素质人才越来越少，甚至出现了混学分的"酱油党"；同时，尽管我国目前已有80%的大学实行学分制，但是，大多数学校并不具备实行学分制的能力，如教学管理制度不完善，师资力量薄弱，缺乏强有力的考勤制度……这些都大大增加了我国推行学分制的难度。

在学分互认方面也存在一些问题：从宏观的国家教育体系看，我国的各级各类教育和学校之间是割裂而封闭的。主要表现为：不同类别的教育之间难以沟通，如学历教育与非学历教育之间，以及成人教育、职业教育与普通教育之间的课程学分沟通问题；同一类别不同层次的教育之间缺乏有效衔接，如中等职业教育与高等职业教育之间、大学专科与本科（含专升本）的课程衔接问题；同一教育类别、同一教育层次的各学校之间也存在隔阂，如普通高校学生"跨校选课"的全面开放问题；等等。从中观的学校管理层面看，受到保守封闭的思想观念、思维方式、办学模式等因素的影响，没有树立起与现代社会相适应的开放的"大教育"思想。就整体而言，我国的各级各类学校还处于狭隘的竞争意识驱动下的"闭门办校"状态，很难做到把优质课程和优秀教师放到"学分银行"的平台让学生自由选择和全社会共享。如果这样做，不仅使得学校之间的竞争更透明而公开、更直接而激烈，而且还会产生由于竞争加剧而带来的办学成本提升、部分学费流失等经济风险。从微观的教师教学层面看，把课程放到"学分银行"加以公开，除了对知识产权保护、经济收入保障、学校不支持等有顾虑之外，还有一个很重要的原因就是原本是学校之间的竞争，现在就变成了教师专业水平之间的竞争，专业压力、声誉压力等大幅度增强，这也是教师不愿承受的。

（三）推进学分制改革的建议举措

实行学分制体现了学习自由、弹性化、自主性等特点，但也存在信息资源封闭、课程选择机会少、机制缺乏弹性等问题。学分制改革要实施按大类招生、加强通识课和创新学分建设、放宽辅修、二学位限制等措施，在逐步引导下，有序地进行校外资源整合，建立学分互认、学分积累与学分转移制度。

从国外学分互认与转移探索的经验和教训中，我们至少可以从五个方面获得启示和借鉴：1.制定学分互认协议，形成统一的课程目录。2.形成统一的信息要素和规范的文件格式。3.加强各级各类教育之间的衔接性。4.制定标准化的课程体系。5.形成多种学分转移的模式。

对国外学分互认和转移经验的借鉴，我们不能仅仅停留在文本和技术层面，其科学合理的设计、有效的措施及严密的组织执行是关系"学分银行"建设成败的重要因素。同时，我们也要看到，"学分银行"建设不是一个独立的举措，一些诸如思想、体制、机制等深层次问题需要同步甚至是提前加以解决。

对"学分银行"的建设来说，我们国内的相关政策和制度环境急需完善，其中包括：一要实行真正意义上的完全学分制，否则"学分银行"无法做到学分沟通的程度，至多是课程成绩的认定，这就无从谈起以学分为纽带建立起终身学习"立交桥"；二要教育部和地方政府抓紧出台有关"学分银行"建设，以及学分互认与转移的指导性文件、实施规程及激励政策，甚至需要从教育作为公共品的属性出发，启动一些强制性措施来强推各级各类教育的开放、沟通和衔接。

三、科学与人文和而不同

（一）科学与人文相辅相成

华中科技大学教授杨叔子院士认为，科学与人文同源共生互通互动。科学所追求的目标或所要解决的问题是研究和认识客观世界及其规律，是求真。科学是关于客观世界的知识体系、认识体系，是逻辑的、实证的、一元的，是独立于人的精神世界之外的。人文所追求的目标或所要解决的问题是满足个人与社会需要的终极关怀，是求善。我们的活动越符合社会、国家、民族、人民的利益就越人文，就越善。然而，科学与人文是共生的，是互动的，有以人文导向的科学，也有以科学奠基的人文，这就是"是什么"与"应该是什么"的"交集"，即数学上所谓的"交集"。

他强调："科学人文，和而不同。"强调大学人文教育，并不是说重文轻理，而是因为现在重理轻文的势头太重，不得不多强调人文的重要性。其实，科学解决不了方向问题，这要靠人文来解决，但人文也无法解决自身基础是否正确的问题，必须靠科学来帮忙。在我看来，科学为人文奠定了正确的基础，人文为科学提供了正确的发展方向，两者并行不悖，同等重要，必须同时成为今日"大学之道"的灵魂。

科学精神的关键在于质疑和批判，其目的在于创新。人文精神包括担当和关怀，其目的在于履行历史责任，贡献于国家和民族的发展。科学精神和人文精神是辩证统一的。就辩证性而言，科学精神是以严格的规律为前提，考察着事物的客观面自然面，有着永恒的不可改变性；人文精神研究的是事物的社会性，社会性不是一成不变的，随着时间的推移和社会的进步，体现为不同的状态；就统一性而言，无论自然精神还是社会精神，他们在一段时期内都是科学精神的体现，都是正确客观的。同时，社会精神和自然精神也相互作用相互渗透，共同发展和提高。科学是把"双刃剑"，正确利用能够为人类造福，不当利用则会带来灾难。只有在人文精神的牵引下，科学才能被合理利用。正如美国一项权威调查报告所指出的，人文科学告诉我们如何设法对付生活中永恒不变的基本问题，那就是：正义是什么？应该爱什么？应该保卫什么？什么是勇气？什么是高尚的？什么是卑鄙的？

（二）重理工轻人文不利发展

专业教育与素质教育相辅相成。如果过多地专业化，专业教育就会远离教育的本质，学生就有可能成为"单向度的人"。因此，在专业教育的同时必须进行人文知识的教育和人文精神的培育，必须观照学生自身内在秉性的发展和人格的完善，这样才能构成完整意义上的高等教育。

我国的人文素质教育相当于自由教育（博雅教育）、通识教育。实践证明，素质教育符合我国经济社会发展的现实需求，符合党的教育方针的时代要求，符合学生成长成才和全面发展的深切期盼。忽视素质教育，甚至重理工轻人文，势必影响学生的全面发展，甚至造成人格畸形。为此，在推进高等教育全面深化改革中，顶层设计、具体安排及各项举措都要以落实素质教育战略主题为出发点和落脚点。[①] 北京大学校长林建华提出，

---

① 参阅瞿振元《高校素质教育有待真正落地》，《光明日报》2015年4月21日13版。

我们不应该沾沾自喜地停留在过去，也不要一味地去模仿美国的博雅教育，我们要走出一条"通识教育与专业教育相结合"的道路。通识教育的目的应该是使学生能够"懂得社会、懂得自己、懂得中国、懂得世界"[①]。

四、让学生回归课堂

（一）课堂是教学的主阵地

在一所高校里，如果学生大量脱离课堂，整天忙于考证培训、网络游戏、各类"比赛""实习"挣钱……总之从事与专业学习无关的活动，这就与大学教育脱节甚远。

让学生回归课堂，需要从教师与学生两方面着力，发挥好课堂教学主阵地作用。教师要改进教学内容、创新教学方式，不断增强课堂教学的吸引力感召力，使课堂教学活起来，要与学生"争手机"、提高学生"抬头率"。学生需要提高对课堂教学的认识，增强学习的责任感，自觉摆脱"手机控"，充分发挥好每节课的效能。

随着信息技术的飞速发展，各种网络课程纷纷涌现，的确为学生的学习提供了选择与便利。但这并不能取代传统课堂教学。在师生互动、思维引领、现场指导、氛围营造、重点难点解析等方面，传统课堂教学仍然有着自身优势。

（二）改进课堂教学，提高教学质量

让学生回归课堂，首先要提高课堂教学的吸引力感召力，这就需要下力气改进课堂教学，不断提高教学质量。

丰富教学内容。要与时俱进改编充实教材体系，科学进步与社会发展日新月异，教材体系不能多年不变，必须及时吸纳最新成果，跟上时代步伐；要处理好教材、教案、讲稿与课堂教学的关系，增进课堂教学的信息

---

① 林建华《什么是成功的大学教育》，《光明日报》2015年12月15日第13版。

量、含金量；要把握好教材内容与现实问题的结合点，以问题为导向，从实际出发，杜绝照本宣科。

创新教学形式。必须改革教学方式与手段。探索多样化、个性化教学，注重探究式学习，创造性地运用信息技术。变革教学观念，突出学生主体地位，实行师生互动，开展合作式学习。

严谨教学态度。古人云，师者，传道授业解惑也。大学教师面对的学生正处于"三观"形成的关键时期，教师的一言一行直接影响着学生的思想和思维方式。无论是思想政治课教师还是其他专业课教师，都担负着立德树人的重任，要严谨对待学问和人生，做到以身为范。

宽松教学环境。严谨治学不是在课堂上阴着脸教训人，而应循循善诱、平等交流，让学生在活跃的气氛中参与教学、融入教学、愉悦学习。

彰显教学个性。一位教师经过多年经验积累，自然形成自己的教学个性，既遵循教学规律又风格独特。老教师更应总结讲台经验、提炼学术精华、突出教授风格、彰显大师风范。

教师要热爱教学，宽容教学，反思教学，不断提高教学水平，增强课堂教学的吸引力和感召力。

笔者从教30年来，先后开设了《马克思主义哲学原理》《政治学》《马克思主义基本原理概论》《分析社会心理学》《分析心理学》《＜易经＞与心理分析》等专业课、专业选修课、公共必修课和公共选修课。对每一门课程都是认真备课，不管这门课已上了多少遍，也不管这门课是自己的研究成果已经很熟悉，课前总要重新备一下，从不大意懈怠。而且注重日常生活积累，把耳闻目睹的一些故事记下来充实到教案讲稿中，以丰富课堂教学。有一次某交通运输公司办辅导班，我和几位同事被聘讲课。他们讲的都是当时的热门课程，我讲的是马克思主义哲学。但我注重理论联系实际，把课讲得生动有趣，很受学员欢迎，公司领导也来听课，学员说"一上哲学课都来了"。

五、现实课堂、网络课堂与实践课堂

（一）网络课堂的喜与忧

随着计算机互联网技术的广泛应用，大型开放式网络课程，即"慕课"（MOOC）（massive open online courses）应运而生。2012年，美国的顶尖大学陆续设立网络学习平台，在网上提供免费课程，Coursera、Udacity、edX 三大课程提供商的兴起，给更多学生提供了系统学习的可能。2013年2月，新加坡国立大学与美国公司 Coursera 合作，加入大型开放式网络课程平台。新加坡国立大学是第一所与 Coursera 达成合作协议的新加坡大学，它2014年率先通过该公司平台推出量子物理学和古典音乐创作的课程。这三个大平台的课程全部针对高等教育，并且像真正的大学一样，有一套自己的学习和管理系统。

2011年秋季，来自190多个国家的16万人同时注册了斯坦福大学的一门《人工智能导论》课，不久后，斯坦福大学两位教授创立 Coursera 在线免费课程，2012年4月上线，4个月后学生数便突破100万，后来普林斯顿大学、斯坦福大学、加州理工、密歇根大学和宾夕法尼亚大学等全球80多所成员高校或机构加盟，共享386门课程，一年以后注册学生就超过400万。同时，其中的多门课程进入了美国教育理事会学分推荐计划，学生选修的学分可获大学承认，"慕课"进入了正规高等教育体系的通道。

慕课将分布于世界各地的优质教育资源，让任何有学习愿望的人能够低成本地，通常是免费地学习。它正在改变几千年来的传统教育方式，使授课者与学习者能跨越时空，让知识获取方式发生根本变化。慕课的理念是："任何人，在任何地方、在任何时候，能学到任何知识。"慕课或翻转课堂会颠覆传统的教学方法，改变很多教师的工作方式，会促进他们从"教"到"师"转变。未来的教师更像一个导师，从以"教"为主，变成以"导"为主。[1]

---

[1] 汤敏、杨桂清《慕课对传统教育有何影响》,《中国教育报》2015年6月3日。

　　MOOC 的产生打破了传统课堂的局限，能够使更多大学生选择优质网络课程自主学习。但网络课堂毕竟不是传统课堂，没有传统课堂师生之间面对面的交流互动。而且有些网络课程鱼龙混杂，从内容到质量很难保障。学生选择网络课堂很难保证其知识和能力培育的系统性、有序性、科学性。网络课堂只能作为传统课堂的辅助手段，不能取代学校课堂教学。这是因为，教师不仅是传授知识，更重要的是要帮助大学生学习、成长、成才。对于 MOOC 教学，教师要面对不同学生提供针对性的指导，激发学生学习的积极性和主动性。

（二）"第二课堂"不能取代第一课堂

　　相对于第二课堂，第一课堂是基础、主体。不能让第二课堂冲击甚至取代第一课堂。在 20 世纪 80 年代初我们上大学期间，因为一位同宿舍同学午睡过了，耽误了一堂课，那感觉是严重的事。可如今，上课迟到甚至旷课习以为常。不少学生上课期间外出参加"第二课堂"活动，或者外出"见习"挣钱，考试挂科，学业荒废。更有甚者，有的高校搞的校企合作班，学生根本没有掌握好一些基础知识，就被拉出去"实习"，实在是舍本逐末、误人子弟。

　　20 世纪 80 年代初，我刚入大学校门，感到什么都新鲜，参加了各种学生社团，写作协会、书法协会、歌咏协会、武术协会等，都有我的身影。后来觉得这样不行，不能喧宾夺主，学习是第一位的。我决定集中精力学习，考研究生，于是就只参加武术协会，还担任了协会秘书长，主要是为了锻炼身体保障学习。

（三）三个课堂有效互动

　　坚持教室、校园、社会三个课堂一体化，以第一课堂为主，着力搞好创新创业课程建设，为顺利开展二三课堂活动打好基础；以二三课堂为辅，着力丰富创新创业的平台和载体，通过体验式实践倒逼第一课堂改革，形成从理论指导实践到实践丰富理论的良性循环。

　　做实第一课堂。一是丰富课程设置。依托学校各教学平台，开设创新创业课程，为大学生塑造创业精神、增强创业能力打下坚实的理论基础。二是优化师资队伍。鼓励教师以科研反哺教学，通过把项目带到课堂里，广泛开展研究性教学等方式，启发学生的创新意识和创意思维，提高学生解决实际问题的能力。

做特二三课堂。丰富创新创业活动的内容、平台和载体。以丰富的内容、载体和平台不断浓厚校园创新创业文化氛围，增强学生创新意识和实践能力。做好三个课堂的资源整合和功能衔接，充分发挥二三课堂的辅助作用，融合课堂教学、科研活动、社会实践等多种教育方法，实行全程式跟踪、立体化覆盖、系统化运作，为全体学生提供专业的创业技术指导和广泛的创业实践机会。

打通三个课堂。一是实现课堂成果的转换。出台、修订实施创新创业学分认定等制度，实现二三课堂成果与第一课堂学分的转换。二是实现教学方法的对接。将二三课堂建设的优秀成果引入第一课堂的教学之中，广泛运用案例法、讨论法、头脑风暴法、角色扮演法、游戏法等互动教学方法，进一步引导学生手脑并用，强化实践能力的培养。

六、一切为了学生成长成才

（一）我们的教育缺什么

2015年，华东师范大学高等教育研究所组织对全国部分高校已经工作1—6年的毕业生开展大范围的调查，调查初衷是针对毕业生目前工作岗位对其能力需求，与所毕业高校重视的能力培养之间做一个系统的匹配分析。调查获得有效样本34000多份。调查表明在非正式能力（包括人际沟通与协调能力、解决问题能力、把握细节的能力、抗压与情绪管理、适应与变通能力、时间管理、责任心、团队合作、组织能力、忠诚度等）、专业知识运用能力、通识性能力（包括批判分析能力、创新创造能力、自主学习能力、操作技能与实践能力、书写能力、计算机运用能力、数理分析能力、外语能力等）等三者之间，供需双方最不匹配的，即高校培养明显不足的是非正式能力，其次是通识性能力，最后才是专业知识运用能力。

非正式能力严格而言，主要表现为一种为人处世的态度与素养。通识性能力则更多表现为一种广泛意义上的思维能力与工具使用能力，而专业知识能力则是认知性能力在特定领域的具体化。三者间的差别在于，各自能力培养过程的可授性依次增强。结合调查结论，我们不妨审视一下，我们的教育最为匮乏的是什么？

第一，人格养成环节最为薄弱。在竞争愈来愈激烈的当今世界，如何与人和谐相处和保持顺畅的沟通，如何学会自我管理与自我情绪控制，如何灵活应对工作和生活环境的变化而具有适应性，如何对工作对他人对团队有担当，这些被视为"情商"的因素似乎已经取代"智商"成为影响个体生涯发展的主要障碍。在基础教育升学率、分数至上，高等教育个体间、组织间愈演愈烈的非合作零和博弈境遇中，迄今，尽管也不乏高调的改革倡议，但健康人格、精神、情志与意志力塑造却始终处于被漠视的事实状态，成为我国各阶段教育最为脆弱的环节。教育本身最为质朴也最为简单的目的——学会做人、学会做事和学会生活，日渐为指标化的（效率与公平）业绩与政绩目标所冲淡。毕业生进入职业生活后所反馈的非正式能力缺失，正是源自对教育中的人、教育原始底色的体系性和制度化的遗忘。调查中，学历越高、学校层次越高，毕业生所反馈的非正式能力表现越弱，也大致凸显了体制化教育中"人"与"才"颠倒的逻辑。

第二，通识性能力存在明显欠缺。调查表明，通识性能力是高校毕业生无法适应岗位需求的第二大弱项。在经济转型、产业结构变迁加速与劳动力市场需求瞬息万变，以"互联网＋双创＋中国制造2025"为标识的新工业革命呼之欲来的今天，相对于专业理论知识，诸如创造创新、批判性思考、自主学习、数理分析与计算机应用能力等，不仅是毕业生应对岗位调整、职业流动及各种危机，进而获得职业持续发展的基本素养与能力基础，也是启动整个社会"双创"引擎的精神与智力源泉。通识性能力包括两个维度，一个是综合素质，如创造力、想象力、创新意识、眼界视野和数理思维等，在高校中这种素质的养成主要依托通识教育。在今天，通识教育早已不应是精英阶层的专享，即使是应用技术型的高校毕业生，如果缺乏上述基础性的素质，恐怕也将很难面对长期职业生涯中越来越频繁的岗位调整与工作转换所带来的挑战；通识性能力的第二维度是通用技能，包括计算机应用能力、信息获取能力、不同语言表达能力、动手与操作能力、自我规划设计能力和理财能力等，这些广泛能力的获得贯通于教育的不同阶段、不同类型即整个教育体系。

就如同早期基本的读写算能力，在如今这个时代，通识性能力已经成为毕业生终身职业生涯过程中所必备的素质与能力。但是，令人忧心的是，我国目前基础教育重学科知识、高等教育重专业理论的整体格局并未发生明显松动。通识不能替代专业与专长，但是，如何在职业生涯中发挥好专业专长而不为其所缚，处变不惊，应付裕如，却都在于通识。

第三，适应国际劳动力市场能力偏弱。调查中发现，相对于政府事业单位、国企和集体企业，在外资企业就职的毕业生认为：包括非正式能力在内的各种能力欠缺都最为严重，除外语能力以外，其他各方面的匹配差几乎为在政府与事业单位、国企部门就业毕业生的 1.5 到 2 倍以上。该差异至少从一个侧面反映出：我们的教育在培养学生适应与参与国际市场的能力明显不足，整个教育体系内部人才培养过程尤其是教育环境和文化，与国际职场的素养需求间存在巨大偏差。意味颇深的是，相对于其他部门的明显过剩，在外企的毕业生又反映外语能力明显不足（匹配差：政府事业单位 –0.406，外企 +0.203）。从小学到大学乃至研究生，中国学生在外语上耗去了多少时间与精力？由外语教育体制所折射出来的不仅是外语教学本身的问题，更反映出我们的教育重知轻用、重理论而轻素养的传统积弊之深。

值得注意：在所有能力中，除外语能力总体过剩之外，专业知识运用是匹配差最小的能力项。然而，这是否意味着我们高校专业教育是成功的？或许有个数据可以给出答案：在高职高专毕业生中，认为就业岗位与所学专业"比较对口＋非常对口"的比例仅为29%，普通本科为50%，即使211高校也不过53%（"较不对口＋非常不对口"分别为：39%、26%和24%，其他为一般）。理论上对口率越低，岗位需求能力与专业知识间越不存在关联。在关于大学期间最为受益环节的判断上，所有样本选择"校外实习与社会活动"比例为37%、"同学间的互动交流"为22%、"课外自学"为15.3%、而"教师指导"和"课堂教学"仅仅分别为11.7%和13.6%。对此不禁要问：我们一向看重的教与学究竟给学生提供了什么？它缺失了什么？值得人们深思与反思。[①]

（二）既"仰望星空"又"脚踏实地"

2007年5月14日，时任国务院总理温家宝在同济大学建筑城规学院向师生们做了一个即席演讲，其中讲道：一个民族有一些关注天空的人，他们才有希望；一个民族只是关心脚下的事情，那是没有未来的。我们的民族是大有希望的民族！

我希望同学们经常地仰望天空，学会做人，学会思考，学会知识和技能，做一个关心世界和国家命运的人。

　我仰望星空，
　它是那样寥廓而深邃；
　那无穷的真理，
　让我苦苦地求索、追随。

　我仰望星空，
　它是那样庄严而圣洁；
　那凛然的正义，
　让我充满热爱、感到敬畏。

---

① 参见阎光才《我们的教育究竟缺什么？》，《光明日报》2016年1月5日。

我仰望星空，
它是那样自由而宁静；
那博大的胸怀，
让我的心灵栖息、依偎。

我仰望星空，
它是那样壮丽而光辉；
它永远的炽热，
让我心中燃起希望的烈焰、响起春雷。[①]

2010年5月4日，时任国务院总理温家宝在北京大学与该校学生共度"五四"青年节时，有学生蘸墨写下"仰望星空"的诗句来欢迎总理，总理则挥毫相和，写下"脚踏实地"四个大字赠送给学子们。

"仰望星空"是温总理曾创作的一首诗歌，其诗中透露出总理对真理、正义、自由、博爱的追求之志，对国家民族命运的关切之情。在总理的眼里，那寥廓而深邃、庄严而圣洁的星空，代表着激人奋进、令人神往的美好未来。正如总理所言，一个民族有一些关注天空的人，他们才有希望。而对于我们这个国家和民族来说，壮丽而光辉的"星空"，就是科学民主，就是中国特色社会主义道路，就是科学发展、以人为本、公平正义。回望中华人民共和国成立以来尤其是改革开放以来，我们所取得的辉煌成就，无不凝聚着无数一生"关注天空的人"的智慧、心血和追求。他们是中华民族复兴路上的先驱和脊梁。

"脚踏实地"，就是要求真务实，身体力行，扎扎实实地从点滴的实事做起，一步一个脚印地向前迈进。就大学生而言，就是要树立起为振兴中华而勇担大任的使命感，并将此融入当前的学习和将来的社会实践之中去，在校园和社会这两个大熔炉里，学会做人、学会技能，学会实实在在

---

① 温家宝《仰望星空》，《人民日报》2007年9月4日副刊。

地做实际工作，当实干家，而不要眼高手低，只尚空谈。

在新时期"仰望星空"与"脚踏实地"，恰如温总理所指出的，"最为重要的就是要懂得国情"。国情是"星空"之下最坚实的土地，建立在国情之上的理想才不是幻想，仰望国情之上的星空才不是"虚空"。

千里之行，始于足下。温总理曾说过，一个民族只是关心脚下的事情，那是没有未来的；但一个民族不关心脚下的事情，也是没有未来的。"万丈高楼平地起"的事实告诉我们，成就大业，既要"仰望星空"，也不能不"脚踏实地"。

（三）和谐人格，全面发展

在信息爆炸的时代，人们获取知识的途径越来越方便快捷，但这主要是就即时性背景知识和基础性工具知识而言。综合素质的养成、创新能力的培养、人生观价值观世界观的培育，需要发挥大学教育的综合功能。我们的大学教育，有的已在信息时代迷失，把学生培养成知识搜集积累的工具，随波逐流，缺乏批判力、学习力、创造力，尤其是没有健全和谐的人格。

现代人才成长理论认为，成才主体的创新活动虽然要以一定的智能水平为基础，但智力因素不是成才的根本原因，人才的成功与否，取决于主体创新人格的形成和发展。因为创新过程不仅仅是一种单纯的智力活动过程，还包括许多个性心理品格方面的因素。历史上许多科学和文化巨匠，如爱因斯坦、巴尔扎克、达尔文等，他们都没有超凡的智力，甚至一度被视为"笨蛋"，但最终都取得了举世公认的成就，其原因正如爱因斯坦所言："智力上的成就在很大程度上依赖于性格的伟大，这点往往超出人们通常的认识。"情感、意志等人格因素与人的创造力密切相关，都是创新实践不可缺少的重要条件。

著名教育家蔡元培认为，教育是帮助被教育的人，给他能发展自己的能力，完成他的人格，于人类文化上尽一分子的责任。《中共中央关于构建社会主义和谐社会若干重大问题的决定》指出，构建社会主义和谐社会必须重视和谐文化建设，加强人文关怀，促进人的心理和谐。党的十八大报告进一步强调："加强和改进思想政治工作，注重人文关怀和心理疏导，培育自尊自信、理性平和、积极向上的社会心态。"借鉴国外心理分析思想，继承中国传统文化心理观点，加强人文关怀，促进心理和谐。在全社会积极开展心理分析和心理咨询，引导人们正确对待自己、他人和社会，正确对待困难、挫折和荣誉，培育人的乐观、豁达、宽容精神，提高人们的心理承受能力和挫折容忍力。重视未成年人的心理健康与全面发展，引导青年学生学会积极的认知，正确认识世界，客观了解自己；指导学生使用升华、补偿等积极的心理防御机制，不断提高控制和调适内心平衡的能力。建立学校心理咨询机构，健全学校心理服务体系，实行教育、教学、咨询、科研"四位一体"的心理素质教育模式。

让我们牢记习近平总书记在党的十九大报告中的倡导："青年兴则国家兴，青年强则国家强。青年一代有理想、有本领、有担当，国家就有前途，民族就有希望。中国梦是历史的、现实的，也是未来的；是我们这一代的，更是青年一代的。中华民族伟大复兴的中国梦终将在一代代青年的接力奋斗中变为现实。全党要关心和爱护青年，为他们实现人生出彩搭建舞台。广大青年要坚定理想信念，志存高远，脚踏实地，勇做时代的弄潮儿，在实现中国梦的生动实践中放飞青春梦想，在为人民利益的不懈奋斗中书写人生华章！"① 把人文关怀和心理疏导渗透于思想政治工作、学校教育、家庭教育等各个方面，帮助青少年塑造健康、和谐、创新型人格，培养社会主义事业的合格建设者和可靠接班人。

（四）美国东北州立大学的通识教育及启示

根据学校工作安排，笔者于2012年8月参加了赴美教育培训考察团，在美国东北州立大学进行学习培训。通过听课、访谈、查阅资料等方式，对美国东北州立大学的通识教育进行了比较系统深入的了解。

---

① 习近平《决胜全面建成小康社会 夺取新时代中国特色社会主义伟大胜利——在中国共产党第十九次全国代表大会上的报告（2017年10月18日）》，人民出版社2017年版第70页。

人的素质一靠养成，二靠教育。作为高等教育，美国高校的通识教育对培养提高学生的素质至关重要。通识教育 (General Education) 是高等教育阶段的一种素质教育或普通教育，即对全体学生所进行的基础性的语言、文化、历史、科学知识的传授、个性品质的训练、公民意识的陶冶等。旨在培养学生的综合素质，使学生在道德、情感、理智等方面全面发展，培养积极参与社会生活的、有社会责任感的、全面发展的社会的人和国家的公民。通识教育是美国高等教育课程设置方面的一大特色。

美国东北州立大学的通识课程设置。每所大学对通识教育课程各有一定的规定。但是大体来说，通识教育的课程可以归成几类：社会科学、自然科学、人文艺术、历史政治等。美国东北州立大学的通识课程具体包括（以特殊教育专业为例）：英语作文、心理学概论、个人健康营养、艺术欣赏、世界音乐、戏剧欣赏、电影欣赏、美国历史、世界区域地理、生物科学、技术文献、物理科学、西班牙语、美国手语、其他外语、基础通信应用、数学、美国联邦政府、艺术教育、几何建模和测量、阅读语言、学校体育等。学生在大学一、二年级完成这些课程，共需修满45学分。

通识教育的目的是让学生了解各个学科领域的研究内容和研究方法，通过通识教育，学生对各个学术领域都具备了基础知识，批判性思维能力大大提高，写作水平也会有飞跃。另外，刚进入大学的学生一般并不知道自己对什么感兴趣。经过两年的通识教育，通过对各领域的接触，他们就会发现自己感兴趣的领域，将来进入大学三、四年级的时候就可以深入学习了。

美国大学的通识教育特点。1.培养目标具体明确。美国大学的通识教育目标，首先解决的问题是学生要具备什么样的能力，其次是学生要成为什么样的人。其中，大学生应具备的基本能力是：文字书写精确而流畅的能力；口语表达沟通的能力；逻辑和批判思考的能力；数理统计分析的能力；综合理性推论的能力。在培养目标方面，1947年，美国总统杜鲁门专门成立高等教育委员会，并在"民主社会的高等教育"报告中列出了11项通识教育目标。诸如能展现出具有民主理念和伦理原则的行为；能积极参与所属团体或社区的活动，以其知识和能力而有所贡献；能表达人际相互尊重的认识和行为，以促进了解与和平；能了解和运用自然的环境，应用科学的方法，解决自己的生活，助益人类的生活；能了解别人的观点，能有效表达自己的观点；能掌握自己的情绪，能维护良好的社会适应；能掌握自己的健康和体能；能了解和欣赏文学、音乐、美术，并参与艺术活动；能与家人美满相处，具有家庭的知识和伦理；能有适合自己兴趣才能的工作职业，在工作中展现才能和愉快；能有批判性的能力和习惯，具有建设性的思想，等等。美国大学的通识教育目标不仅非常具体明确，而且含有典型的美国社会色彩。

2. 课程设置以人文社会科学为重心。美国大学通识教育课程的设置是非常严格的。在课程的具体设置上，美国大学的突出特征是以人文社会科学为重心，在核心课程中通常占2/3，即使纯理工学院的通识教育也包含相当大比例的人文社会科学课程。

3. 教学形式严格而多样。美国大学通识教育课程的教学形式大多采取课堂讲述、小组讨论、研习发表和独立研究等多种形式，并且任课教师都由教学效果考核为优良的著名教授和高级讲师担任。其中，最有特色的教学形式是经典阅读和小组讨论。美国大学通识教育课程的教学形式不仅严格和多样，而且可以有效地保证教学质量和通识教育目标的实现。

4. 重视通识教育与专业教育的有机整合。在通识教育与专业教育的关系处理方面，美国大学并不是机械地两年通识、两年专业的二分法，而是将两者有机地整合起来，使通识教育与专业教育既能有机衔接，又能并行不悖。通识教育课程是三个学期连续上，它是一个由简单到复杂、从易到难的过程。比如，通识教育中的"自然科学"系列，首先文理是分开上的，对文科学生和理科学生各有不同的要求。美国大学的通识教育与专业教育之间是内在地衔接和整合在一起的。

对我国大学通识教育的启示。1. 我国大学通识教育中存在的主要问题是课程体系建设不够完善。目前，我国大学的通识课程主要包含三大部分：一是公共基础课，主要有外语、计算机、思想政治理论等课程；二是公共选修课；三是各种学术讲座和社会实践等隐性课程。具体建设中还存在不完善的地方。各门通识课程之间缺乏有机联系。各类通识课程的比例不平衡。通识课程的时间安排不合理。

高水平师资队伍短缺。为了满足通识教育的需要，不顾教师的教学水平和教学能力，只要有学生选修就同意教师开设，缺乏对通识课教师的必要考察和准入制度，而且在具体教学中又缺乏对任课教师的指导和检查，不利于通识教育的健康发展。

教学效果有待大力提高。目前，由于客观条件的限制，许多高校的通识教育选修课教学形式还比较单一，多以讲述为主，大班教学比较普遍，缺乏小组讨论和实地考察等较为有效的通识教育教学途径，尤其是课堂教学多以"概论式"的知识介绍为主，缺少经典著作的深入研习，教师也很少布置课外阅读材料。

2. 我国大学通识教育的科学发展之道：以人文教育为核心，科学设置通识教育课程体系。根据我国大学的学科性质和通识教育理念，可以考虑将我国大学的通识教育分为自然科学教育、社会科学教育、人文科学教育和综合教育四大类别，然后以此类别分别设计不同的核心课程。同时，针对不同学科类别的大学应该有所不同，以体现不同大学的通识教育特色。

改革教学方法，提高教育教学质量。为了切实提高我国大学通识教育课程的教学质量，必须深化教学方法的改革。首先，应该尽可能地摆脱"通史"或"概论"式的讲法，所有课程的教学以集中阅读少而精的经典著作为主。其次，在阅读经典著作的同时，一定要组织学生开展小组讨论，或给予学生一定的课堂展示时间，并把学生的讨论情况、课外作业、研习论文等与该门课程的成绩评定有机地结合起来。再次，应充分发挥人文素质教育中心基地的作用，加强学生的实践教学环节，配合其他部门做好学生的课外实践活动，使课堂教学与课外实践有机地衔接起来，把学生的课外实践计入总学分，着力促进学生创新精神和实践能力的培养。同时，还要加强通识教育课程的教学监管和评估，建立健全科学合理的课程申报制度、学生选课制度、教学督导制度等，不断提高通识课程的教育教学质量。

加强实践探索，完善通识教育模式。根据不同学校的学科门类，以建立科学合理的通识教育体系为核心，精心设计全校性的通识教育核心课程，在一、二年级中集中进行通识教育，三、四年级则有针对性地开展宽口径基础上的专业教育。这样做的目的：一是为了打破学科壁垒，淡化一、二年级的专业思想，着力强化学生的通识基础；二是为了学生就业的现实需要，在三、四年级集中培育宽口径、厚基础的复合型人才。在此通识教育模式中，要注重学校资源（包括师资）的合理配置，通识核心课程的设置必须少而精，搞好通识教育与专业教育的衔接。

（五）凝心聚力搞好"一流本科"教育

为深入学习贯彻党的十九大精神，推动"双一流"建设，2017年12月24日，中国高等教育学会院校研究分会和聊城大学在聊城市共同举办"双一流"建设与院校研究高端论坛，与会专家学者深入研讨，形成了如下"一流本科"建设共识。

"一流本科"是一流大学的底色，建设"一流本科"，是"双一流"建设的根基。"双一流"建设，要回归大学育人的基本功能，回归培养人才初心，将建设"一流本科"作为高校改革发展的坚定目标和不懈追求，使一流本科教育与一流大学、一流学科建设成为有机统一体，相互支撑、相互促进，达成更深层次的融合和更高标准的统一。

建设"一流本科"，根本目的就是要坚持价值与理想引领发展，扎根中国大地办大学，遵照教育规律和人才成长规律，全面落实立德树人根本任务，培养服务于国家和人类发展需要的一流人才。建设"一流本科"要以先进的教育理念为指导，创建"世界一流，中国特色"的现代育人体系，提供丰富的教育资源，提高教育质量标准，促进学生多元发展，切实提高学生的获得感和成长力。

第一，树立一流育人理念。坚持立德树人，把思想政治工作贯穿教育教学全过程，将知识传授和能力培养与人格塑造相结合，真正做到"教"与"育"的紧密统一。确立整体和谐、个性发展的人才培养理念，创建融通识教育、专业教育、创新创业教育于一体的人才培养模式，培养具有高度社会责任感和持续发展能力的优秀人才。

第二，构建一流育人机制。落实教师主导和学生主体地位，发挥师生的积极性、主动性。优化院系设置和教学组织，加强教学管理和质量保障体系建设，优化人才培养治理结构。建立科研与教学融合机制，把一流学科优势转化为教学优势，把一流科研成果转化为教学内容。锻造优良学风，完善教师和学生荣誉体系。

第三，建立一流学科专业体系。主动适应国家战略发展需要，科学制定学科专业发展规划。重视专业内涵的充实、调整和更新，对传统学科专业进行升级改造，努力适应新科技、新产业、新业态的发展。注重不同学科知识的交叉融合，寻求新的学科专业建设方向。优化专业结构，建设特色鲜明的学科专业群。

第四，完善一流课程教学体系。优化学生知识结构和课程体系，关注课程实施，改进课程与教学评价方法。改革传统课堂教学模式，创新教学方式和学习方式，促进学生的自主学习和合作学习，培养学生的探究能力和创新精神。推进信息技术与教育教学深度融合，建设优质在线开放课程，建立线上线下相结合的管理方式和学分互认等配套管理制度。

第五，培育一流通识教育体系。注重专业教育与通识教育的融合，构建层次分明、覆盖全面、结构合理、科学规范的通识课程体系，使学生不仅掌握学科专业的新领域、新技术、新技能，更要具有人文情怀、专业素养、科学精神和批判思维；不仅能够自觉摒弃狭隘的视野，去除精致的利己主义，避免有教养的市侩主义，追求有格局、有境界、有追求的人生；不仅具有正确的道德认识、坚强的道德意志，更要具有家国情怀、世界眼光，自觉把"人生梦"与"中国梦""人类梦"融于一身。

第六，打造一流创新创业教育体系。健全创新创业教育课程体系，将创新创业教育融入人才培养全过程，强化创新创业教育实践活动，推进学生创新创业平台建设，营造创新创业教育校园文化，把创新意识和创新能力真正内化为学生的一种素质。深入推进拔尖创新人才培养，引领学校整体教学改革，促进整体教学水平提升。

第七，建设一流开放协同育人体系。坚持开放办学，加强社会和国际交流与合作，拓宽办学视野与格局，提高合作与交流水平，构建国际开放与社会互动协同相结合的一流本科办学环境。完善行业协同育人、产教融合育人体制，为培养本科生的创新精神和实践能力提供制度保障与培育土壤。

第八，锻造一流师资队伍。注重教师发展，健全教师发展体系，为教师可持续发展提供有力支持。改进教师考核激励机制，完善教师分类管理和分类评价办法，以政策制度保障建设一流的师资队伍。加强师风师德建设，引导教师热爱教学、淡泊名利、追求卓越。

第九，夯实一流质量保障体系。加大对本科教育的政策、资金支持力度，形成系统化、可持续的支持保障机制，营造重视本科教育新生态，提供优良的育人环境。优化教学评价指标体系和评价反馈应用机制，提高育人质量监控和保障体系的运行有效性。建设以内涵提升为共同价值追求和行动自觉的质量文化。

第十，致力一流院校合作关系。以"团结互信、平等互利、开放互鉴、合作共赢、协同发展"为宗旨，深化高校之间的交流与合作，探索建立资源共享、优势互补、发展共享的协同机制，实现人才培养、科学研究、服务社会、文化传承创新、国际合作与交流等领域协同发展。

"万物得其本者生"。只有培养出一流人才的高校，才能够成为世界一流大学。"一流本科"建设是新时代高等教育的伟大使命，是"中国梦"的基础工程。"一流本科"建设要在对大学理想、价值和文化上的坚守与革新中，不断构建大学自信力和坚韧力，促进中国高等教育实现内涵式发展，为中华民族伟大复兴做出新贡献！[①]

---

① 《"双一流"建设与院校研究高端论坛——"一流本科"建设共识》，聊大新闻网2017年12月24日。

第五章　教师与学生

一、从文化人到创意人

（一）教师首先是学习者

唐代韩愈在《师说》中写道："古之学者必有师，师者，所以传道授业解惑也。"[①] 传道，指传授天人之道；授业，指传授学业技能；解惑，指解开难题迷惑。三者紧密联系，不可分割。其实，教师首先是学习者，不仅是已有知识的习得者，还是新知识新技能的学习者。当今时代，日新月异，新概念、新理论、新方法层出不穷，教师要适应时代的要求，真正教好学生，就必须不断地学习、积极主动地学习，否则就难以胜任教师的职业。

不仅如此，当今时代是创意的时代，教师不但要向学生传授知识，还要善于引导学生创造创新，把好的思想转化为好的创意。为此，教师必须注重启发学生思维，激发学生创新兴趣，鼓励和引导学生懂创意、会创造、善创业。

（二）学有所成还要引领创意

教师与学生积极互动，不但要促进学生学业有成，更要教育引导学生善于思考、积极创新、学会创意。

长期以来，我国的教育模式一直强调以继承为中心，创新创造远远不够。孔子的述而不作、玄奘的译而不作、朱熹的注而不作、纪晓岚的编而不作都是传统教育思想的形象写照。在目前高校教学中，也一直存在着"以教师为中心、以课堂为中心、以书本为中心"的单向灌输式方法，缺

---

① 韩愈《师说》。

乏双向交流启迪，使学生处于被动地位，潜力得不到充分发挥。

著名教育家陶行知说过："人类社会处处是创造之地，天天是创造之时，人人是创造之人。"创造学是一门新兴学科，主要研究创造理论、创造技法和人的创造潜力的开发，其创始人是美国纽约 BBDD 广告公司的奥斯本，他被称之为"创造之父"。创造教育是一门独立的学科，它是创造学与教育学的交叉学科，有着完整的理论体系和明确的研究对象，这就是推行创造教育，开发青少年的创造能力。

开展创造性教育活动，就必须充分发挥学生的主体地位，培养他们的创新精神，充分发挥其主观能动性。陶行知先生曾提出"六大解放"。即：解放眼睛，敲碎有色眼镜，教大家看事实；解放头脑，撕掉精神的裹头布，使大家想得通；解放双手，剪去指甲，撕掉无形的手套，使大家刻意执行头脑的命令，动手向前开辟；解放嘴，使大家可以享受议论自由，摆龙门阵，谈天、谈心，谈出真理来；解放空间，把人民与小孩从文化鸟笼里解放出来，飞进大自然、大社会去寻觅丰富的食粮；解放时间，把人民与小孩从劳碌中解放出来，使大家有点时间，想想问题，谈谈国事，看看书，干点与老百姓有益的事，还要有空玩玩，才算是有点做人的味道。现在看来，这些道理也不乏其时代价值。有了这六大解放，人的创造力才能充分发挥出来。

从"文化人"到"创意人"转变，需要从教育和学习两方面实行变革。教育方面，必须转变教育观念，改革教育模式，创新教育手段。学习方面，要转变学习习惯，改变学习方式，创新学习方法，训练创新思维。知识改变命运，创意改变生活。

二、改造我们的教风

（一）是饭碗更是事业

有一位志愿服务西部计划的志愿者在其日记中写道："有一种工作，没有经历过就不知道其中的艰辛；有一种艰辛，没有体会过就不知道其中的快乐；有一种快乐，没有拥有过就不知道其中的纯粹。"事实上，无论你从事什么工作，艰苦、困难、烦恼都是客观存在的，问题就在于你怎么看待它，不管你从事什么工作，只要你把它当成一番事业来经营，那它对一个人的发展就具有极其重要的作用，也只有那些把眼前的工作当成经营自己事业的人，才能真正投入精力去做好每一件事，当然，最终他全部的付出也一定会得到与之相等的回报，尽管我们并不是为了回报才去努力工作的。作为大学教师，不能把教学仅仅作为谋生的手段，当作饭碗，更应该当作一项崇高的事业来做。

教育的真谛是什么？ 2014年全国教书育人楷模、厦门大学教授潘懋元说："为师所以传道、授业、解惑，在此基础上，还有一个境界，就是发现'人的价值'，发现学生的价值，尊重学生的选择，方能发挥他们的能力。"他一生简单，唯教书为其大爱。15岁开始从教，矢志不渝。他常说："我对物质生活已无所求，唯求得天下英才而育之。"潘懋元一直认为，教师是最能给人带来幸福感的职业，他常说："我一生最为欣慰的是，我的名字排在教师的行列里。"

（二）教学相长关爱学生

在大学教育中，教师的"教"与学生的"学"之间也是相互激励、相互促进的。

一个大学老师如果没有尽可能丰富的知识，是不容易很好地教育现代大学生的。要教给学生一杯水，你就得准备一桶水，这话不无道理。一个教师仅靠原来学过的一些知识是远远不够的，而应不断适应工作和生活的需要，特别是为了学生成长成才的需要，多学一些现代知识。培养学生、教育学生的过程，也是教师自我发展、自我提高的过程。

教学相长，还要求教师要放下架子，甘当小学生，善于从学生身上学习一些有益的东西。有时候，教师囿于一些传统的习惯、成见，不能正确地认识和处理问题，而学生却没有什么条条框框的限制，反而会客观地认识和判断事物。

教学相长还有一层意思，就是要鼓励和支持学生敢为人师、互帮互学。社会在发展，时代在前进，青年学生往往通过各种传播媒介了解许许多多事情。有些东西是健康的有益的，有些东西可能是不健康的甚至是十分有害的。教师要教育和引导学生，区别真假，明辨是非。同时，为了跟上时代的步伐，要不断学习，不断提高，活到老，学到老，改造到老。

在努力钻研业务知识、不断提高教学水平的同时，还要关心关爱学生。特别是现代的大学生独生子女多、经历单纯，心理敏感脆弱，需要耐心教育引导。我因学校工作调整，离开教学一线一年多了。有一天，一位学生家长打电话哭诉说，孩子心理出现了问题，已经休学半年多了，想找位孩子熟悉的老师开导一下，孩子提到了我的名字。这位学生是我开设"《易经》与心理分析"全校公选课的一位学生，因与宿舍同学冲突而辍学在家。具体原因无法追究，客观心理是：独生子女长期形成的"中心"地位，在集体当中遭遇了"挑战"的挫折阴影难以走出。所以，做一个好老师，不但要备好课，还要备学生，即了解学生的心理状态。没有爱就没有教育。教师不仅要关爱学生，还要引导学生学会关心爱护他人、与人和睦相处。

三、改造我们的学风

（一）学习是学生的天职

经过长期的应试教育，终于考入大学，不少学生产生了车到码头船到岸的心理。除了"考研族"，不少学生在"混学业"，谈恋爱，玩游戏，沉迷网络不能自拔。上课玩手机、睡觉，考试挂科。针对这种现象，有的媒体甚至发出"你不失业、天理难容"的感叹。早在19世纪，马克·叶温就曾讽刺说："大学是一个教授笔记直接变成学生笔记的地方。"的确，上课记笔记，下课背笔记，考试抄笔记，考完全忘记，是传统大学的学习模式。而今是，有些学生上课玩手机，下课玩手机，考试看手机，考完全忘记。

反思这种现象，究其原因，一是学生本身的问题，主要是责任感使命感缺失。当今大学生没有了20世纪80年代高考恢复之初那种"为振兴中华而读书"的心气。二是教育本身的问题，为学习而学习的应试教育，冲刺到最后进入大学，学生再也没有了压力和动力。对此，还是要教育引导学生，树立远大理想，增强使命担当，把个人理想与国家大业结合起来，把学习看成是自己的天职。同时，要改变教育理念，引导学生为创新创造而学习，增强学习的内生动力，提高学习的兴趣。

（二）改"要我学"为"我要学"

常言说，师傅领进门，修行在个人。有的人上了名校并师从名师，却没有什么大的作为。有的人没有进名校甚至没有机会上大学，却做出了很好的成就。原因何在？有专家对国内外一些著名学者成才经验研究表明，大学生们能否成才，需要淡化名校情结，不要太在意专业的选择，走出盲目追求高文凭和高学位的误区，最重要的是要培育和强化决定成才的五个重要素质：1.酷爱读书，立学以读书为本。2.善于自学，这是成才的关键。3.超强的记忆力，是成才的基础。4.文理兼修，以博取胜。5.悟性是学习的最高境界，是开启智慧的根本途径。[①] 所以，每一位有机会进入大学的人，要珍惜大好机会，利用有利资源，发愤学习成才。为了个人的梦、国家的梦，要自我激励，自我加压，变"要我学"为"我要学"。特别是那些所谓"网吧族""手机族""酱油族"，要尽早惊醒，迷途知返，珍惜大好时光，自觉完成学业，健康成长成才，立志报效祖国。

（三）学以致用 提升素质

长期以来的应试教育，学生已经养成了为考试而学习的定势。这种情形必须改变。大学生不但要养成自主学习、自觉学习的习惯，还要克服应付考试而学习的定势，转向为提升综合素质、提高创新创造能力而学习。

党的十九大报告强调，要全面贯彻党的教育方针，落实立德树人根本任务，发展素质教育，推进教育公平，培养德智体美全面发展的社会主义

---

① 参见刘道玉《大学生成才究竟决定于什么》，《光明日报》2015年1月6日。

建设者和接班人。加快一流大学和一流学科建设，实现高等教育内涵式发展。健全学生资助制度，使绝大多数城乡新增劳动力接受高中阶段教育，更多接受高等教育。

实施素质教育，是一项复杂的系统工程，需要全社会共同努力，政府是主导，学校是关键，家庭是基础。地方本科高校应树立正确办学理念，尊重教育规律和学生成长规律，强化德育为先、能力为重、全面发展的育人理念。真正把提高学生素质、促进学生健康成长作为学校一切工作的出发点和落脚点，尊重每个学生的个性，关爱每个学生的进步，为他们发展提供适合的教育。

进一步推进素质教育，首先要开好开全课程，促进学生全面发展，其次要更新教育观念，深化教学内容方式改革，再次要建立科学的教育教学评价机制，重视学生、家长和社会评价，使评价多元化，进一步改进教育教学工作，使量化考核和奖励机制更加合理。

四、书院制与导师制

（一）书院制的新探索

学生管理工作是高校教育管理的重要内容和重要组成部分，对学生的发展、高校的稳定运行起着举足轻重的作用。我国学生管理体制几经发展和变革，最终形成了以"校——院（系）——年级"为基础的基本管理体制，对提高学生思想觉悟、促进学生健康成长，产生了积极影响和保证作用。进入20世纪90年代，高校面临的国内国际形势发生了巨大变化，尤其是1999年高校扩招之后，学生规模迅速增加，学生群体的差异性、多样性明显，学生发展要求的多元化日渐凸显。

高等教育大众化背景下，高校对学生素质教育培养空前重视，大学生作为高校生活社区主体，如何发挥学生公寓在育人中的作用和优势，寻求一条更为长效的育人路径或模式。有些高校探索以学习型书院建设为切入点，以学院育人四个阵地一体化为路径选择，培养现代高校人格健全和全面发展的人才。由此，以新的书院制管理模式代替传统的学生宿舍管理模式，促进学生德智体美全面发展。书院制更符合新时期大学生思想道德素质特点。"书院"是一个对内地学生和家长耳熟能详却又颇为陌生的词语。在香港，有一所大学已经实行书院制近半个世纪，且目前仍然是香港唯一实行书院制的大学，这所大学就是香港中文大学。

每一个中文大学的本科生，都身处"学院""书院"两个坐标系中。每名新生可按意愿申请所属的书院，大学会按既定机制做出编配。在学期间，同学可申请转院，书院会视情况做出考虑。中大的几个书院坐落于不同地段，多数书院都有自己的宿舍、食堂、体育文化设施等。书院的职责，大致可以定位为"负责专业教学以外的所有事情"。学生每天上课都要去各自的学院，下课后的活动则主要在书院进行。

书院也开设通识课，分必修和选修两类，比如新亚书院的一门课，就是讲本院的历史、精神、文化特色等。虽然书院主要负责专业教学以外的事情，但书院院长则无一例外都是由学术地位很高的教授出任。书院在大学教育中扮演的角色很重要。大学课堂传授的是硬知识，书院则以关顾群体活动来授予学生软技能。学生与学生、学生与老师甚至工友之间的关系很密切，像一个大家庭。现今社会对大学生的期望，不再以学业成绩为唯一量尺。良好品德、奉献精神、高尚品味和强健体魄，都成为衡量优秀大学生的准则。在培养"全人"方面，书院可谓重任在肩。锻炼学生能力的各种活动，主要是在书院层面举办。这些活动包括海外交流及外访计划、研讨会、师友计划、社区服务、领袖才能训练等，还有各种学生社团组织的课外活动。

随着高等教育日趋普及，当今的大学规模越来越大，人数越来越多，不利师生接触，也容易导致同学之间关系疏离。书院这种小而紧密的群体有利于维持师生和同学间亲密的关系，促进沟通，并培养归属感。书院制让各专业的学生混杂居住生活，有利于学生开阔眼界，不同专业背景的学生住在一起，可以接触到更多信息，对学生今后发展有帮助。

不过，实行书院制，绝非"百利而无一害"。一位中大教授认为，因实行书院制，学校生出了很多行政机构，机构臃肿往往导致效率低下。而且，各书院划地而治，可能导致资源利用不充分。学校在分配资源时，往往不能考虑大小书院的区别，搞"平均分配"。这位教授总结说，内地高校不能盲目效仿书院制，到头来生出许多毫无必要的官僚机构，或者变质为安排冗员的去处。还有一个问题是如何处理好书院与各学院的关系，直接影响着书院制的完善与学生工作的顺利开展。

（二）导师制的好经验

导师制由来已久，早在19世纪，牛津大学就实行了导师制，其最大特点是师生关系密切。导师不仅要指导他们的学习，还要指导他们的生活。近年来，国内各高校都在探索研究生教育以外的高等教育也能建立一种新型的教育教学制度——导师制，以更好地贯彻全员育人、全过程育人、全方位育人的现代教育理念，更好地适应素质教育的要求和人才培养目标的转变。这种制度要求在教师和学生之间建立一种"导学"关系，针对学生的个性差异，因材施教，指导学生的思想、学习与生活。

两千多年前，孔子提出了"有教无类"的教学理念，这个理念的核心，就是要在教学中，平等对待每一位学生，让每一位学生都受到平等的关爱。然而，在以选拔性考试为主的升学机制和教学评价机制下，如何在教学中切实做到关爱每一位学生，一直是学校管理和教师教学中的难题，解决这个难题，需要有一种博爱意识，一种责任意识，更需要一种可行性的操作机制。

"导师制"就是在博爱和责任理念的指导下，让每一个学生的学习需求都得到满足，在尊重学生差别的前提下，使"因材施教"变成一种可操作的机制，使导师班内的每一层面、不同基础的学生，都能在导师的作用下，实现学习中的个性关注，即让尖子生愉快学习，最大限度地开发潜力，让学困生有效学习，充满信心地体验成功。一句话，就是"要让每一层次的学生都成才"。

实行"导师制"应当建立新型师生关系，做到"亦师亦友"。在有专职辅导员的情况下，"导师"应着重于学生学业研修与职业生涯规划方面的指教与引导。同时，"导师"与专职辅导员要密切沟通与配合，共同促进学生成长成才。

五、学而优则创

（一）创新、创意与创业

创意产业的迅速发展带动了人才需求的膨胀，而国内创意产业人才短缺已成为不争的事实。一家权威单位对上海、北京、广州广告业的调查发现，广告公司创意人才的需求缺口已达到74%。我国高校每年培养的与创意产业相关领域的专业人才绝对数量并不少，甚至出现表面上的过剩现象。一方面是社会对创意人才如饥似渴，另一方面是相关专业的毕业生一职难求。其中一个重要原因是，长期以来，由于受传统教育理念和人才培养模式的影响，我国的高等教育存在诸多弊端和问题，已严重阻碍相关产业急需的创意人才的培养。主要表现在：

一是重视理论知识的教学而轻视实践环节在相关专业人才培养中的作用，实践性教学效果差。

二是实践教学内容陈旧，严重滞后于相关专业新技术的发展。

三是只注重向学生传授已有的知识而忽略了培养创新知识的能力。

四是教学方法简单，教学手段落后。

五是毕业设计环节薄弱，毕业设计论文水平偏低。

由此造成的后果是，学校教育与社会需求脱节、学校教育与社会对人才培养和需求之间的差距较大；学生的书本理论知识看似比较扎实，但是创新能力、实践能力较弱，创新精神不足；学生个性不强；毕业生进入社会的竞争力较弱，远不能适应日新月异的创意产业对创意人才的要求。

我国关于文化产业的研究相对滞后，对于文化创意产业更缺乏系统研究。从2004年起，教育部先后批准了50多所高校开设了"文化产业管理"专业，培养相关专业人才，并开展了文化产业的理论研究和开发服务工作。但许多高校在文化创意产业的理论研究、研发应用和人才培养等方面，还缺乏应有的重视和实际的探索，直接影响着高校功能的有效发挥和地方创意产业的发展。存在的突出问题是：高校在区域文化创意产业发展中的地位和作用没能引起足够的重视，理论研究滞后，提出高校文化创意产业发展模式的研究较少，高校创意能力不强，创新能力不足。文化创意人才队伍总量不足、结构不合理、分布不均衡，聚集能力不强。高层次、高技能、复合型、外向型创意人才短缺，甚至与企业需求相脱节。高校与地方相结合的区域创意体系建构模式有待探索，高校发展创意产业与加强内涵建设问题需要深入探讨。

为此，必须探索高校发展文化创意产业的功能定位和战略模式，搭建高校文化创意产业发展平台，为高校发展文化创意产业提供针对性的理论指导。推动高校文化创意产业学科建设和人才培养向专业化和规范化迈进，为高校创意人才的培养，地方创意人才培训，产教互补、校企结合，提出现实性思路和有效对策。

加强内涵建设是高校发展的硬道理，发展创意产业是搞好内涵建设的有效举措。

必须重新审视高校的社会功能，发挥高校在培育创意人才、提升地方文化力方面的重要作用。引领文化是大学的重要功能。欧洲中世纪的大学培养出一大批像但丁、哥白尼、伽利略、培根等大学者，创造并引领着欧洲的新文化，为其后来的文艺复兴和文化的繁荣与发展奠定了基础。高等教育要通过创新文化建设，增强文化服务功能，扩大文化服务辐射面，使高等学校真正成为先进文化的创新基地和辐射中心。积极引导高校从自身和当地实际出发，充分认识自身的优势和特点，结合地方文化资源，形成具有特色的文化创意产业发展模式。发挥高校在区域文化创意产业体系中的地位和作用，助推地方文化创意产业发展，推动地方经济结构调整和产业转型，引领地方经济社会又好又快发展。

　　高校的内涵建设是一项系统工程，涉及高校方方面面的管理艺术。以发展创意产业带动学科建设、科学研究与成果转化、人才队伍建设和人才培养、改善办学条件，丰富校园文化，不失为高校加强内涵建设的有效举措。我国高校发展文化创意产业既有着得天独厚的资源优势，又有着责无旁贷的神圣使命。加强高校发展文化创意产业的体制、机制和模式研究，形成地方高校可供借鉴的文化创意产业发展的理论成果，总结中国特色的高校文化创意产业发展模式，对于促进高校的内涵建设具有重要的现实意义。

　　国外的文化创意产业发展模式多种多样，我国的文化创意产业发展起步晚，且又处于转型时期，因而必须结合我国经济社会实际，富有中国特色和地域特点。我国地方高校发展文化创意产业具有必要性和可能性。知识经济的到来和文化经济的发展，要求地方高校必须重视发展文化创意产业，高校的人才和资源优势决定高校有条件在地方文化创意产业发展中起到引领作用。地方高校是地域文化的承传者，也是地域文化发展的积极推动者。充分发挥高校的知识和人才优势，更好地服务于区域经济建设和社会发展，在知识经济来临、文化产业勃兴的时代，地方高校应当有更大的作为。

　　我国地方高校应成为区域创意产业发展的重要基地。地方高校与当地政府、企业联合，在创意产业政策法规制定、人才培养与引进、建立健全创意产业服务体系、创意产品研究与开发、引导社会消费市场和创意产业发展等方面，形成健全完整的创意产业链条。利用全国高校文化产业学科建设联席会议平台，互动、互通、互惠，促进地方高校文化创意产业学科建设与专业发展。深入调查分析地方高校与区域文化创意产业发展的密切关系和功能定位，探索适合地方高校实际的文化创意产业发展机制和模式。地方高校意欲增加竞争力，提升办学效益，注重内涵建设，必须以文化创意产业发展为动力，调整优化专业结构，以特色求发展，走多样化发展之路，从而更加贴近区域社会和经济形势变化的需要。全面分析地方高校内外各种因素，正确处理高校与地方、文化与市场、文化事业与文化产业等的复杂关系，探索地方高校文化创意产业可持续发展的良性机制。

有学者认为，一个国家的可持续发展，需要的不仅仅是物质资源，更重要的是智力资源。有了充分的智力资源，才能够不断生产出新的知识。知识，可以把原来不是资源的物质变为资源。假如没有知识，缺乏智力资源，即使自己的物质资源再丰富，也只能成为别人发展的基础。人类的进步，从某种意义上说，就是知识的进步，智力资源开发程度的进步。先进的生产力归根到底是一种先进的知识，欧洲近代以来的进步归根到底是知识的进步，赖有哥白尼、伽利略、牛顿、爱因斯坦等这些知识生产领域里的英雄，才使他们的人民能够生产出他们的前人难以望其项背的物质财富。当代所谓的发达国家，归根到底，也是他们的人民知识丰厚，智力资源开发程度发达。

历史和现实都证明，中国人的智力绝不亚于任何一个民族。历史上，我们的祖先曾经创造出世界一流的文化。现在我们也有许许多多世界上一流的人才。如果善于开发，我们在各个方面都可以造就出各种类型的、适合各方面需要的人才。我们完全可以以智力资源的有效开发，弥补物质资源的不足。

（二）创意产业化 学而优则创

自古圣贤路，学而优则仕。然而时代发展到今天，特别是文化创意产业的发展，需要更多的富有创新能力的大师、管理者和技术人才，而不仅仅是学富五车仅能解典注经的老学究。富于想象，善于创新，充满创意，才能实现从"文化人"向"创意人"的转变。文化大发展，学而优则创。

著名作家、学者金庸在2007年6月参加北京大学国学研究院成立十五周年座谈会期间接受记者采访时表示，中国学生不要光背书，要有创新。时年83岁的金庸，近年来一直在剑桥攻读硕士、博士学位。在攻读学位期间，他感受到了一些中国学生的问题。中国学生通常第一学年的成绩非常好，但到第二学年就会差一些，到第三、第四学年就会落后下来，究其原因，与中国学生只会凭记忆力，光知道背书有关。他说，现在的知识早已远离了靠记忆力的阶段，什么东西不懂，到图书馆查几本书就可以得到。现在做学问关键的是要有所创新，有提出问题的能力，显然，中国学生在这方面有些缺乏，他们中大多数只是去重复别人的意见，显然没什么意义和价值可言。

其实，中国学生存在的问题，也是中国教育存在的问题，也是中国文化传统存在的问题。中国的文化传统是"述而不作"，以知识的学习与记忆为主，"学而时习之"和"修身养性"是中国传统知识分子的主要使命。所以，常以"学富五车""饱学之士"来形容和肯定传统知识分子。中国的教育传统也是重视知识的传授而缺乏创新教育，以"传道授业解惑"来确定中国教师的职责。这样一来，中国的知识分子及培养的学生，就主要以知识的学习和存储为主要任务，而很少创新。所以，中国传统的知识分子和学生，主要是"文化人"而不是"创意人"。

正如金庸所说，知识经济时代，需要的是更多的创新，而不是记忆。这就要求广大知识分子特别是教师，不但要具备丰富的知识，更要善于运用所掌握的知识进行创造和创新。只有实现从"文化人"到"创意人"的转变，才能适应时代的要求，才能培养更多的具有创新意识和创新能力的人才。我们的大学生，学习四年，直到毕业时才搞一些"设计作品展"之类。其实，完全可以根据不同专业、不同年级的特点，在老师的指导下，早一些进入创新和设计活动，以创意带动学习，及早培养学生的创新、创造和创业能力。

是就业，还是创业？学生要根据自身专业特点和社会需求实际来综合断定。上海近年来致力于推动大学生创业，成立了上海大学生科技创业基金会，由财政专项拨款充实创业基金，并制定有关创业基金管理办法，从制度上保障大学生创业。圆大学生的创业梦想，自然是政府推动大学生创业的题中应有之义。而更深刻的意义还在于，青年人是祖国的未来和希望。在一定程度上，青年人的梦想，就是国家和民族的梦想。对于大学生创业，不能急功近利。无论是设立大学生创业基金，还是开展大学生创业活动周，更重要的是，要借此引导高校开展创业教育，培养创新人才，培育创新精神，乃至在全社会营造创新文化氛围，提升民族的创新意识和创新能力。

第六章　科研工作与社会服务

一、四大功能育人第一

（一）大学的主要任务是培养人才

大学具有四大功能，人才培养、科学研究、服务社会与文化传承，而培养优秀人才是大学的首要功能。人才培养质量是学校的生命线。在2017年中国高等教育学会学术年会暨高等教育国际论坛上，中国高等教育学会会长、教育部原党组副书记、副部长杜玉波认为，一所大学办得好不好，比什么呢？不是比它的规模大小、学生数量多少，而主要是比这个学校培养的学生优秀不优秀。

高等教育的现代化，归根到底是人才培养的现代化，最终要落到人的全面发展和个性发展上。他认为，看一所大学办得怎么样，不是看一时的规模、数据，而是要以长远的眼光、历史的视野看它培养出什么样的杰出人才，看它对国家、民族所做的贡献，看它对推进人类文明进步所产生的影响。

杜玉波认为，要继续强化育人是高等教育的核心理念。2017年5月，中央深改组审议通过了《关于深化教育体制机制改革的意见》，强调要注重培养学生终身学习发展、创新性思维、适应时代要求的关键能力，统筹推进育人方式、办学模式、管理体制、保障机制改革，使各级各类教育更加符合教育规律、更加符合人才成长规律，更能促进人的全面发展。他说，高校要按照这样的要求，把立德树人作为根本任务，把人才培养作为中心环节，把一切为了学生的健康成长作为首要追求，解决好培养什么人、怎样培养人及为谁培养人这一根本问题。①

2017年9月，中共中央办公厅、国务院办公厅印发的《关于深化教育体制机制改革的意见》指出，要健全促进高等教育内涵发展的体制机制。强调要创新人才培养机制。高等学校要把人才培养作为中心工作，全面提高人才培养能力。不同类型的高等学校要探索适应自身特点的培养模式，着重培养适应社会需要的创新型、复合型、应用型人才。把创新创业教育贯穿人才培养全过程，建立健全学科专业动态调整机制，完善课程体系，加强教材建设和实训基地建设，完善学分制，实施灵活的学习制度，鼓励教师创新教学方法。深入推进协同育人，促进协同培养人才制度化。②

（二）地方高校应以"本科"为本

地方本科高校能够承担硕士、博士的培养任务，自然是学校层次质量的重要体现。但地方本科高校理应以"本科"人才培养作为立校之本。这是因为，本科学生是地方本科高校的学生主体。加强本科教学，提高本科人才培养质量，应当作为地方本科高校的生命线。有的高校甚至二级院（系）热衷于搞开发、创收，精力放在办各种创收班上，常规本科教学没有得到应有的重视，实属舍本逐末。

本科教育也应是高等教育的基础。许多高校规定教授必须为本科生上课，有些知名教授也长期坚持为本科生上课，这是保证本科教育质量的重要做法。本科教育基础打不好，直接影响着学生的成长成才。万丈高楼平地起。基础不牢，地动山摇。

有的地方高校，面对毕业生就业压力，鼓励学生考研深造无可厚非，但不能忽视本科教育的基础作用，各教育环节必须扎扎实实、严格要求，不能偷工减料好高而忘"本"。

笔者曾作为学校院（部）负责人，在招聘面试一些硕士、博士时发现，他们尽管本科都是教育类毕业生，却不能完整地讲授一堂课。究其原因，

① 《高等教育学会会长：大学办得好不好 拼什么比什么》，《中国青年报》2017年7月7日。
② 中国政府网2017年9月25日。

是本科毕业实习走了过场，有的为了考研甚至连过场也没走，只是找个中学开了个实习证明就算完事。而在研究生、博士生培养中又缺乏相应实习环节，结果就是他们想当大学老师却上不了讲台。

二、教学科研相辅相成

（一）科研强校促发展

1990年，美国卡内基教学促进基金会前主席欧内斯特·博雅《学术的反思》报告，提出了多元学术观，确认学术包括相互联系的四个基本方面，即探究学术、整合学术、传播知识（教学）学术和应用知识学术。[①]也就是发现的学术、综合的学术、教学的学术和应用的学术。这四个方面是一个相互联系的整体，是共生的关系。大学无论从事哪种类型的研究，都属于科研的范畴，都可以体现学术水平。多元学术观的提出，有效促进了大学多样化发展和满足了社会多样化需求。

"学术自由之存在，不是为了教师的利益，而是为了他服务的社会的福祉，最终则是为了人类的福祉。"[②]科学研究是大学创新发展、科技进步的根本。办大学而不崇学术、不重科研，就不叫大学。当然，坚持科研强校、创新发展，不是四种学术都齐头并进，而要根据不同类型不同层次学校发展和区域经济社会需求，有所选择有所偏重。地方本科高校要着力解决"创新动力不足、学术意识不强、科研氛围不浓、科研压力不够"的问题，推动学术创新，提升科研水平。

我的硕士论文选题是《论中介思维与科学生长点》（后摘要发表于《学术论坛》1990年第1期）。我的导师成一丰教授为之倾注了大量心血。他治学严谨、要求严格，该文仅大的修改就不下十次。令人感动且记忆犹新的是，他利用出差开会的机会，约我到济南，并为我安排好住处，给我修改论文。

---

①　[美]欧内斯特·博雅《关于美国教育改革的演讲》，涂艳国等译，教育科学出版社2002年版，第14页。
②　金耀基《大学之理念》，上海三联书店2001年版。

我到西安时，他约我到家中，午饭后让我在他的床上休息，他还在那里逐字逐句地修改论文。正是这种严格要求和热心关爱，为我今后做学问打下了良好的基础。这篇论文也为我多年的科研工作提供了创新性思路和方法。

（二）教学立校固根基

大学的主要职能是教学，无论是从大学职能，还是从地方本科高校的办学定位来看，地方本科高校理应回归大学教学。地方本科高校回归教学的应然状态就是教师投身教学，学生投入学习。为此，应强化地方本科高校的育人目标定位，重申地方本科高校教师的"学术专业"，推进学生学习方式的深度变革，积极营造浓厚的现代大学教学文化。

要充分体现以学生为本的教育理念。作为地方本科高校，要确立与本校功能相应的现代教学质量观。第一，教育引导学生"学会认知"。让绝大多数学生学有所成，以激发他们进一步学习科学文化知识和今后工作的信心；第二，教育引导学生"学会做事"。让绝大多数学生通过四年的学习，打下扎实的理论基础，同时掌握学习的方法，并通过实验与实践教学，培养学生的实践动手能力；第三，教育引导学生"学会合作"。让绝大多数学生通过共同解决教学问题，加强师生之间的合作、学生之间的合作，不仅掌握知识，而且能够互助协作；第四，教育引导学生"学会生存"。让绝大多数学生通过学习，以便更充分地发展自己的个性，并能增强自主性、判断力和责任感，为走向社会后进一步学习和发展打下坚实的基础，以迎接社会的挑战。

全校上下要形成重视教学的合力。造成领导重视教学、教师钻研教学、学生自觉主动学习的良好氛围。如果一所地方本科高校连最基本的教学工作都做不好或者做得不到位，其他什么亮点、特色、品牌之类都是花架子。

认真钻研和提高教学质量、认真上好每一堂课，是做好大学老师的基本功。方向正确、遵循规律、内涵丰富、循循善诱、生动活泼应当是一堂成功课的基本要求。笔者在院部工作期间，曾有位青年教师，学生对他的课不满意，我听了他的课后提出了改进意见建议，他却固执己见以书面和电子邮件方式与我争辩。除去这位老师的性格原因不说，这样的态度就难以使自己的教学工作有所长进。大学是高学历高智商人才聚集的地方，越是在这样的环境中越需要放平心态，相互学习相互帮助相互促进，共同把教学工作搞好。

（三）科研教学相促进

大学不同于专门的科研机构，大学承担着人才培养的职能，这一职能是通过教学活动来完成的。教学的内容和手段不是一成不变的，需要不断更新，只有这样才能培养出符合经济社会发展所需要的人才。教学内容和手段的创新需要广大教师针对本学科领域开展学术前沿研究，并且就自己的教学模式、实践活动进行研究，由此把学科问题研究与教育教学研究充分结合起来，从而承担起立德树人的职责。

重教学还是重科研，这是大学里，特别是地方本科院校一直争议的话题。有些大学教师甚至偏向与教学无关的科研，导致了大学教学与科研的失衡。正如前哈佛学院院长哈瑞·刘易斯所说："大学已经忘记了更重要的教育学生的任务。作为知识的创造者和存贮地，这些大学是成功的，但它们忘记了本科教育的基本任务是帮助十几岁的人成为二十几岁的人，让他们了解自我、探索自己生活的远大目标，毕业时成为一个更加成熟的人。"[1]

雅斯贝尔斯曾说，大学也是学校，但是一种特殊的学校。"教学与科研相统一"的理念之所以具有永恒的价值就在于它充分考虑并体现了大学的这种特殊性。如果大学不能从这种特殊性出发，回归教育本身，专注于人的高等教育，单纯地重科研或重教学，抑或既重科研又重教学都会无济于事。对大学而言，教学与科研之间不是孰轻孰重的问题，教学与科研的统一关乎大学的生态和大学人的心态。教学与科研的统一并不是教学与科研并重，也不是教学好的增强科研能力，科研好的增强教学能力，而是大学的科研为教学启示方向，教学为科研提供动力。

---

[1] 齐格蒙特·鲍曼《个体化社会》，上海三联书店2002年版第40页。

有学者倡言，就现代大学发展而言，面对理想与现实的矛盾，既要重视现实，更要忠于理想。对于教学与科研的统一，大学只能追求不能放弃。追求教学与科研的统一未必真的能够实现教学与科研的统一，但若放弃了教学与科研的统一，大学之所以为大学的底线就会迅速失守。对于现代大学而言，重温"教学与科研相统一"的经典理念，某种意义上也就意味着要"知其不可而为之"①。

三、不只是创新 更需要创意

（一）迎接创意经济的挑战

一个崭新的经济时代——创意经济时代正大踏步地向我们走来。创意产业作为文化创意、科学技术与商品生产的结合，是文化产业皇冠上的明珠。

人类发展几千年来，经济发展从依赖土地资源到依赖工业能源，进而发展到依赖知识和创意，由资本经济转变为知本经济。创意经济是知识经济的具体和深化，而且更能体现知识经济的内在本质。仅有知识是不够的，知识必须转化成好的创意，进而形成产业，才能产生真正的经济价值。知识改变命运，创意改变生活。

当今世界，经济发展呈现明显的 U 型态势，一头是依靠创新制定标准，形成专利优势，一头是依靠品牌，占领市场，获取最大利润。处在中间的部分则仅仅从事加工制造环节，获取微薄的报酬。未来世界是创意的世界，理解创意就是理解未来，把握创意就是把握未来。

我国自中华人民共和国成立60多年来，先后实现了几次大的转变。1949年共和国的诞生，确立了社会主义制度，实现了新旧制度的转变。改革开放以来，逐步确立了社会主义市场经济体制，实现了经济体制的转变。而今，我们又面临着经济发展方式的转变。曾几何时，我们以"制造大国"自居的时候，却忽略了资源短缺和能源危机所带来的压力。拥有13

① 参见王建华《重温"教学与科研相统一"》，《教育学报》2015年第3期。

亿多人口的发展中大国，不可能走西方发达国家的现代化道路。转变发展方式，是历史的抉择，时代的召唤。建设创新型国家，推进科技创新，发展创意经济，是实现经济社会又好又快发展的战略举措。曾几何时，我们以"文化大国"自居，可是却长期存在着有文化无创意、有创意无技术、有技术无市场、有市场无规模的状态，文化资源大国并不是文化实力强国。调整经济结构，发展创意产业，是促进产业结构优化升级，增强国家文化软实力，推动民族复兴的必然选择。

创意经济不仅改变着生产方式，而且对人们的生活方式也将产生深刻的影响。创意型生产与诗意化生活，创新，创意，低碳，节约，绿色，美化，诗意，休闲……创意经济引领人们迈进一个崭新的经济时代。

创意社会是文化社会，是文化唱主角的时代。文化经济化，经济文化化，文化真正渗透到人们的生产过程和日常生活之中。文化建设不再是管理者和专门家的事，而是全体社会成员自己的事。参与，创造，体验，享受，升华，每个人既是文化的主体，也是文化的客体，从生产到消费概莫如此。

迎接创意经济的挑战，你准备好了吗？

（二）创新创造还要创意

要做到科学创意少走弯路，就需要学习和掌握科学创意的方式方法，善于运用科学的思维方式，诸如收敛式思维、发散式思维、系统思维、中介思维、逆向思维、横向思维、转换思维、形象思维、互动思维、模拟思维等，还要注意合理运用大脑，使意识与潜意识交融互动、理性和非理性相辅相成，善于运用直觉、灵感、顿悟和想象等。

《庄子》中写过这样一个故事：有一天，惠子（即惠施）找到庄子，说，魏王给了我一颗大葫芦籽儿，我在家就种了这么一架葫芦，结果长出一个大葫芦来，看起来很丰硕饱满，有五石之大。因为这葫芦太大了，所以它什么用都没有。我要是把它一劈两半，用它当个瓢去盛水的话，那个葫芦皮太薄，"其坚不能自举"，要是盛上水，往起一拿它就碎了。用它去盛什么东西都不行。所以惠子说，这个葫芦虽然大，却大得无用，我把它打破算了。

庄子说,你真是不善于用大的东西啊!你怎么就认定它非要被剖开当瓢使呢?如果它是一个完整的大葫芦,你为什么不把它系在身上去浮游于大江大湖之上呢?难道一个东西,必须要被加工成某种规定的产品,它才有用吗?

一个葫芦如果长得小,可以当瓢,它是有用的。一个葫芦长到最大,不必把它破开,可以把它当游泳圈一样浮于江海,它还是有用的。我们以一种常规的思维,束缚了自己的心智。由我们的常规的生活态度,规定了我们可怜的局限。这种局限本来是可以打破的。只有打破常规思维,才能拥有大的眼界,才会有新的创意。

创意,是天赋、经验和勤奋充分聚合后的突变,其关键是创新。

吉尔福特认为,发散思维是创造性思维的核心成分。发散思维是指以要解决的科学问题为中心,充分发挥想象力,突破原有的知识圈,从一点向四面八方想开去,朝多方向推测、想象、假设的"试探性"思维过程,通过知识、观念、方法的重新组合,找出更多更新的可能答案、设想和解决问题的办法。发散思维大致有如下几种思考方法:立体思考、多向思考、侧向思考、逆向思考等。

1974年,美国政府清理为自由女神像翻新而丢下的废料,向社会招标。几个月过去了,无人应标。这时正在法国旅行的麦考尔公司董事长听说后,立即飞往纽约,看过自由女神像下堆积如山的铜块、螺丝和木料后,未提出任何条件,当即就签了字。纽约许多运输公司对他的这一愚蠢举动暗自发笑,因为在纽约,垃圾处理很严格,要花不少费用。搞不好还会被环保组织起诉。就在人们准备看这个犹太人的笑话时,他开始组织工人对废料进行分类。废铜融化后制造成小自由女神像,水泥块和木头加工成底座,废铅、废铝做成纽约广场的钥匙。最后他还让人把从自由女神像身上扫下的灰尘包装起来,出售给花店做肥料。不到三个月的时间,他让这堆废料变成了350万美元现金,每磅铜的价格翻了一万倍。

好的创意必须坚持真理性与价值性的有机统一,通过科学而新颖的创意为人们造福。科学的创意首先来自细心的观察和缜密的思考，从而有所发现，有所创新。一个好的创意能够帮助人们解除生存危机，改善和美化生活，为民造福。

四、对外开放要争取主动

（一）校地合作释放能量

当今高校已不是封闭的象牙塔，开放合作是大势所趋。地方高校首先要扎根当地，主动对接、寻求合作、相互支持、释放能量。

从国际上看，随着知识经济的深入发展，大学通过区域协同创新服务于区域经济社会发展，已成为当前发达国家高等教育发展的新型实践路径。在公共政策工具推动下，欧洲发达国家大学逐渐形成了多种协同创新模式，比较典型的有：创业型模式、区域创新系统模式、新知识生产模式、参与型模式。在政策工具使用上，尽管这四种模式的运行机制和输出方式都存在较大差异，但都对所在区域的经济社会发展产生了明显的正面效果。

我国地方本科高校搞好校地合作、服务区域经济社会，必须整合全校优势资源，做好地方政府的智库。利用好学科专业优势，发挥好专家学者的才智，为当地经济社会发展建言献策。青岛大学提出立足青岛、服务青岛的理念，加强与青岛市的合作，从而使大学与城市相融相促、并行发展。

加强当地高校间的合作交流，体现组团优势，打造当地大学航空母舰，学科专业互补，资源共享，实现合作共赢，共同带动当地教育发展。

当地政府要加大对地方高校的支持与合作力度，为学校的健康发展排忧解难，为地方高校转型提升提供良好政策环境，为促进地方高校与当地经济社会发展的深度融合保驾护航。

（二）对外服务提升水平

高校要当好地方经济社会发展的孵化器，及时将好的创意和先进技术转化为产业优势，助推地方产业结构调整和转型提升。

高校要当好地方文化建设的排头兵，打造文化传承创新制高点。大学要引领创新、引领创意、引领风尚。大学不能办社会，但社会一定要关注关爱大学。

要从当地企业发展的瓶颈中找课题，整合学校力量攻关。从企业对人才的需求出发改进专业教学。校企联合创新助推学校实力水平提升。

（三）国际交流注重实效

随着我国对外开放步伐加快，高校的国际交流显得越来越重要，甚至有人将其称之为高校的"第五大功能"[1]。地方高校要适应时代潮流，加强对外交流与合作，特别要借力国家"一带一路"倡议等促进自身与外界的交流、融合。对外合作交流要注重学术性、专业性，在科学研究、人才培养和文化交流诸方面进行深度合作，不能仅仅成为领导干部考察出国的桥头堡。

五、协同创新提高效益

（一）完善机制、促进合作

中共中央办公厅、国务院办公厅《关于深化教育体制机制改革的意见》提出，深入推进协同育人，促进协同培养人才制度化。要深化科研体制改革，坚持以高水平的科研支撑高质量的人才培养。加大基础研究支持力度，大力开展有组织的科研活动，完善创新平台体系，建设相对稳定的高等学校基本科研队伍，深化技术转移和成果转化机制改革。

完善体制机制，加强校际合作，促进协同创新。地方本科高校要以"团结互信、平等互利、开放互鉴、合作共赢、协同发展"为宗旨，深化高校之间的交流与合作，探索建立资源共享、优势互补、发展共享的协同机制，实现人才培养、科学研究、服务社会、文化传承创新、国际合作与

---

① 参阅张海峰《欧美发达国家参与区域经济社会发展的大学模式研究》，《成都师范学院学报》2017年第7期。

交流等领域协同发展。

（二）形成团队、联合攻关

孤军奋战，没有协同，是科学研究之大忌。地方本科院校要重视和加强科研带头人、科研领军人物的引进与培养，着力组建科研团队。引导青年教师积极融入各个科研团队。"青年学者的成长要有伯乐，要有环境支持才行，如果仅仅靠他们自己自强不息，靠自己玩命干，个别的可能会成长起来，但整个群体起不来。"（施一公语）要注重整合校内资源，组建跨院系、跨学科科研创新团队，开阔视野、拓展思路、加强协作。要支持教师深入社会、行业、企业，深度把脉企业发展的问题，根据企业发展和技术进步需要凝练研究方向，组建校企协同创新团队联合攻关。

（三）创新体制、推进协同

地方本科高校要着力突破制约协同发展的内部机制障碍和外部体制壁垒，深入推进协同创新，提高综合效益。创新组织管理模式，完善组织机构，建立健全内部管理制度，积极协调各协同单位之间的关系，保障各项政策和改革措施的落实。创新人员聘任机制，改革以"身份"为基础的人力资源管理模式，实行"按需、动态、分类"的聘任机制。围绕协同创新中心的建设目标和任务，因岗聘人，实现按需聘任，构建开放型高水平创新团队。创新人才培养模式，依托地方本科高校办学的基础和协同创新中心的政策优势，探索并实施人才培养模式的改革，培养具有应用型复合型的高素质创新人才。围绕专业建设需求和企业实际需求，探索"双导师制"和导师团队培养。创新考核评价机制，实行以创新成果质量和贡献为导向，定量与定性、分类与逐级、年度与聘期考核相结合的考核评价机制。创新科研组织模式，围绕学术前沿和区域经济社会发展需求，加强顶层设计，建立由地方高校、科研院所和企业协同完成的从基础理论研究到应用技术研究，再到产业化应用的研究链条，形成基础理论研究和产业化需求双向推动的创新动力机制。

第七章 大学文化与文化传承

一、大学本身就是文化

（一）文化与大学文化

何谓文化？台湾女作家龙应台在《文化是什么？》一文中，用通俗而充满诗意的语言来解释文化：文化？它是随便一个人迎面走来，他的举手投足，他的一颦一笑，他的整体气质。他走过一棵树，树枝低垂，他是随手把枝折断丢弃，还是弯身而过？一只满身是癣的流浪狗走近他，他是怜悯地避开，还是一脚踢过去？电梯门打开，他是谦抑地让人，还是霸道地把别人挤开？一个盲人和他并肩路口，绿灯亮了，他会搀那盲者一把吗？他与别人如何擦身而过？他如何低头系上自己松了的鞋带？他怎么从卖菜的小贩手里接过找来的零钱？

文化其实体现在一个人如何对待他人、对待自己，如何对待自己所处的自然环境。在一个文化厚实深沉的社会里，人懂得尊重自己——他不苟且，因为不苟且所以有品位；人懂得尊重别人——他不霸道，因为不霸道所以有道德；人懂得尊重自然——他不掠夺，因为不掠夺所以有永续的智能。品位、道德、智能，是文化积淀的总和。文化不过是代代累积沉淀的习惯和信念，渗透在生活的实践中。①

在社会科学研究中，文化的概念一直是个争论不休而又歧义层出的问题。英国文化人类学家爱德华·伯纳德·泰勒（E·B·Tylor，1832–1917），在1871年出版的《原始文化》一书中，首次把文化作为一个中心

---

① 参见《中国青年报》，2005年10月19日。

概念提了出来，并将它的含义做了系统表述："文化就其广泛的民族学意义来说，是作为社会成员的人所习得的包括知识、信仰、艺术、道德、法律、习俗及任何其他能力和习惯的复合体。"①

　　中国学术界对文化概念的理解也有着许多不同的意见，一般认为，"文化"一词是从《易经》中的"人文化成"一语中简化而来的。《易经》里说："文明以止，人文也……观乎天文，以察时变；观乎人文，以化成天下。"文化是人之为人的本质所在。文化有广义与狭义之分。广义的文化，是指人类社会历史实践过程中所创造的物质财富和精神财富的总和。狭义文化，是指社会的意识形态，以及与之相适应的制度和组织机构，是与经济、政治并列的。文化从不同角度可以做出不同的划分，如物质文化、制度文化和精神文化，主文化和亚文化，精英文化和大众文化，显型文化与隐型文化，世界文化和民族文化，等等。

　　关于文化与人的关系，孔子在讲儒家经典时讲过一段话，他说："其为人也，温柔敦厚，《诗》教也；疏通知远，《书》教也；广博易良，《乐》教也；洁净精微，《易》教也；恭俭庄敬，《礼》教也；属辞比事，《春秋》教也。"庄子也说过："《诗》以道志，《书》以道事，《礼》以道行，《乐》以道和，《易》以道阴阳，《春秋》以道名分。"孔子和庄子，讲的都是文化对于人的发展的培育和完善的作用。文化影响人的行为，打磨人的气质，浸润人的灵魂。一个人的饮食起居、待人接物，直至世界观、人生观、价值观的形成，都是文化熏陶的结果，人们的思维方式、价值观念和行为方式，也都是文化塑造出来的。

　　20世纪末朱光烈在其《知识就是力量吗？》一文中，提出了一个被认为是时代性的命题："文化就是力量。"如今，文化是软实力，文化也是生产力，文化是一种无形而巨大的力量，已越来越形成人们的共识。习近平总书记指出："文化是一个国家、一个民族的灵魂。文化兴国运兴，文化强民族强。没有高度的文化自信，没有文化的繁荣兴盛，就没有中华民

---

①　参见林耀华主编《民族学通论》，中央民族大学出版1997年版，第382页。

伟大复兴。要坚持中国特色社会主义文化发展道路，激发全民族文化创新创造活力，建设社会主义文化强国。"①

所谓大学文化是一所大学在其长期发展进程中形成的历史积淀、人文品格和价值理念，具体包括大学的物质文化、精神文化、制度文化和行为文化。其中，精神文化是核心，物质文化是基础，制度文化是保障，行为文化是方式。

大学文化，就是激励大学生精神成人的文化，就是激励他们不断挑战自我心智、努力发掘自我潜能、全面提升自我人格的文化。"大学的使命在于最大限度地激活学子的精神交流，激发他们追求真理的精神和勇气。"②

全国高校思想政治工作会议2016年12月7日至8日在北京召开。中共中央总书记、国家主席、中央军委主席习近平出席会议并发表重要讲话。他强调，高校思想政治工作关系高校培养什么样的人、如何培养人及为谁培养人这个根本问题。要坚持把立德树人作为中心环节，把思想政治工作贯穿教育教学全过程，实现全程育人、全方位育人，努力开创我国高等教育事业发展新局面。

习近平在讲话中指出，我们对高等教育的需要比以往任何时候都更加迫切，对科学知识和卓越人才的渴求比以往任何时候都更加强烈。习近平强调，高等教育发展方向要同我国发展的现实目标和未来方向紧密联系在一起，为人民服务，为中国共产党治国理政服务，为巩固和发展中国特色社会主义制度服务，为改革开放和社会主义现代化建设服务。习近平指出，高校立身之本在于立德树人。必须牢牢抓住全面提高人才培养能力这个核心点，并以此来带动高校其他工作。③

（二）大学对文化建设的责任担当

大学是优秀文化的传承与创新基地。大学聚集了优秀的教师和青年学生，充满对优秀文化的关爱与执着，致力于优秀文化的传承与创新。地方

---

① 习近平《决胜全面建成小康社会 夺取新时代中国特色社会主义伟大胜利——在中国共产党第十九次全国代表大会上的报告（2017年10月18日）》，人民出版社2017年版第40–41页。
② 参见刘铁芳《大学文化建设：何种文化 如何建设》，《高等教育研究》，2014年第1期。
③ 《人民日报》，2016年12月9日。

本科高校首先是区域文化传承与创新的基地。地方本科高校是强大的思想和人才宝库，要发挥好资源和人才优势，主动对接地方文化脉络，深入发掘、提炼、转化、创新区域文化，突出特色、彰显魅力、扩大影响，发挥区域文化的凝聚力、创造力、感召力和影响力。

大学文化具有示范引领作用。大学教师与大学生往往思想敏锐、感知超前、引领风尚，是时代的精英，对社会具有文化示范和引领作用。地方本科高校的大学文化对区域文化建设具有重要的示范效应，通过品学兼优的人才培养对区域社会全面健康发展产生积极引领作用。

大学文化具有辐射带动作用。大学是学术高地、精神港湾、文化源泉，对社会文化传播发展起着重要的辐射和带动作用。一所大学就是当地的文化标杆。地方本科高校通过学术研究、文化传播、社会服务，对区域社会发展产生深远影响和广泛辐射。习近平同志在第23次全国高校党建工作会议上强调指出，高校"要坚持立德树人""思想引领"。认真落实习近平总书记要求，高校教师要在社会生活的大课堂中，主动砥砺心志、陶冶情操，自觉构建强大的社会责任，通过人才培养和社会服务，走正路、干正事、传播正能量。

二、价值取向是大学的软实力

（一）保住我们的学术良心

社会上有一种说法：成果越来越多，精品越来越少；学术越来越多，良心越来越少……这是对当今社会学术浮躁现象的批评和讽刺。大学不但要出成果，还要出好成果，换言之，成果不仅要多，还要好而精，要体现正能量，这首先需要保住我们的学术良心。

保住学术良心，是大学的事，也是社会的事。大学去行政化，但绝不是去政治化。大学的领导要提高政治占位，确保办学的社会主义方向。大学教师要提高政治觉悟，用心用力培养中国特色社会主义合格建设者和接班人。教书育人不急功近利。要首先保证在校大学生几年下来，能够培养成健康和谐的人格。修身治学不唯利是图。要体现为社会发展文明进步的使命担当。大学管理者和大学教师要经得起各种诱惑，确保大学教育的人民性、正义性、科学性、创新性。任凭风浪起，稳坐钓鱼船。

社会各界要为大学创造一个严谨而宽容的环境，确保大学勤敬治学尚德崇术。保障高校这片文化净土，为民族留一块精神家园。不侵蚀学校正当利益，不干扰学校科学发展，不以学校为个人或小团体谋利。大学与社会要共筑一道无形的围堰，抵挡住市场的冲击、官场的冲击、不良文化的冲击。学校要努力营造鼓励创新、宽容失败的良好氛围，把提高政治意识与倡导学术自由有机统一起来，努力把学校办成方向正确、特色鲜明而又充满活力的现代化大学。

（二）办学为了什么 工作为了什么

大学管理者和大学教师要提高使命担当，明确办学为了什么，工作为了什么。大学教育与管理是一种特殊的职业，是一项崇高的事业。它关系到为谁培养人，培养什么人的问题。大学是青年学生成长成才的关键期。每一位高校教师和管理者要增强责任感，确保通过自己的努力，出正品、出精品，不出危险品、残次品。

爱岗敬业、关爱学生，是大学教师的天职。一所大学的价值取向是衡量这所大学的文化标尺。大学教师对学生的态度、对事业的投入，影响着一所大学的办学境界和层次。换言之，价值取向就是一所大学的软实力。大学管理者和大学教师要凝心聚力、勇于担当，不断增强大学的文化软实力，从而影响带动大学生形成积极的价值取向和满满的正能量。

三、大学文化如何建设

（一）大学文化无处不在

大学文化建设的目标是，加强校风、教风、学风建设，引导广大学生树立正确的世界观、人生观、价值观，以优美的校园环境，多彩的文化生活，高雅的艺术情趣，浓厚的学术氛围，科学的人文精神，优良的学风校风，形成催人奋进的校园精神、科学进步的价值理念和导向正确的舆论氛围。[①] 大学文化无处不在。学校的一草一木、一砖一瓦，师生的一言一行、一事一件，无不是大学文化的体现。斯坦福大学前任校长乔丹说过，大学的建筑也将对学生的培养教育起到积极作用，每一块砌墙的石头都势必会给学生以美和真的熏陶。

大学文化建设要体现个性文化。办大学就是办文化，一个大学的个性特色主要通过大学文化体现出来。作为大学文化的重要组成部分，校训是学校办学理念、人才培养要求和精神文化特质的高度概括和浓缩。清华大学的"自强不息，厚德载物"，北京师范大学的"学为人师，行为世范"，山东大学的"气有浩然，学无止境"，中国海洋大学的"海纳百川，取则行远"，青岛大学的"明德博学，守正出奇"，斯坦福大学的"让自由之风吹拂"，哈佛大学的"与柏拉图为友，与亚里士多德为友，与真理为友"等精彩校训，都体现出学校鲜明的文化个性，对学生有着很强的教育意义。学校要深入发掘校训中的文化价值和教育意义，以凝聚师生、启迪智慧、引领学校发展。

大学环境、大学秩序和大学风气是大学文化建设的题中应有之义。清华大学以其优美的环境，享有"水木清华"的美誉，吸引着无数青年学子的目光。而有些地方本科高校，盲目圈地扩张，大而不当、规划欠缺、绿化不好，空有虚名。良好的工作、学习、生活秩序，是大学形象的体现，也是大学文化的基本内涵。每一位师生员工都应当自觉维护学校的正常秩序。尤其重要的是大学的风气。大学风气具有规范和引导双重作用，是一所大学的精神所在。聊城大学经过长期的校风学风建设和文化积淀，风气良好，学风端正，素有"学在聊大"的美誉。

大学精神是一所大学长期文化积淀形成的积极因素，是大学体现出来

---

① 田建国《现代大学新理念》，泰山出版社2005年版，第12页。

的生命力、创造力和凝聚力的整体精神面貌。大学精神的形成，与大学的历史进程、地理环境、文化特色和时代特征密切相关。大学精神一旦形成就具有相对稳定性，对于全校师生员工具有凝聚和激励作用。深入发掘和提炼大学精神，对于推进大学文化建设，提升大学品位，推动大学改革发展，扩大社会影响，具有积极的价值和意义。地方本科高校要高度重视教风和学风建设，营造良好的校风，结合自身实际，提炼大学精神，凝心聚力，深化改革，提高质量。

（二）内塑外形从我做起

大学文化建设需要全校师生上下齐心、形成合力，内塑外形、从我做起。要像爱护眼睛一样爱护学校的形象。管理服务争创一流，保障学校高效运转。教书育人，尽心尽力，努力培养优秀人才。学以致用，勤奋刻苦，早日成为国家栋梁。今日我以学校为荣，来日学校以我为荣。崇德敬业乐教爱学，全校上下蔚然成风。从小事做起，从细节做起，人人为大学文化建设增砖添瓦。积小善成大德，汇细流成江海，不断充盈大学文化的内涵。

大学文化是大学历史的积淀。广大教职员工辛勤耕耘，一代代学子用心浇灌，大学文化花园才能繁花似锦。每位教职员工都要思考，我为学校做了什么，每位同学都要思考，我为学校留下了什么。一言一行树立大学文化，一事一件汇聚大学精神。多年以后，人们回忆校史，会自然想到某某老师，某某同学，某某事情……这些将成为学校的骄傲与亮点。

四、大学是社会正能量的发动机

（一）传播正能量，制造正能量

当今时代是信息爆炸的时代，也是各种能量交织碰撞的时代。大学校园里精英荟萃，言行举止当引领时代风尚。面对各种芜杂的信息和不良思潮，大学师生理应明辨是非，敢于传播正能量，制造正能量。一所大学不良信息泛滥、不良思潮盛行，不仅是大学的悲哀，也是国家和民族的不幸。

面对腐朽的东西敢于抵制，面对错误思潮旗帜鲜明地反对，面对歪门邪道义正词严地制止，才能体现一所大学的价值取向和文化内涵。大学师生头脑上成、智慧一流，应当在文化创新、道德引领方面敢于做时代的"弄潮儿"。高铁动车组之所以跑得快，是因为每一节车厢都有动力。每所大学都为社会制造正能量，都是社会正能量的发动机，中国的高等教育就有希望，中华民族的未来就有希望。"自由之精神，独立之意志。"这个"自由"要以顺应历史大势、维护国家安全为前提，这个"独立"要以遵循民族大义、维护社会正义为底线。

（二）铁肩担道义，妙手著文章

《大学》开篇便说："大学之道，在明明德，在亲民，在止于至善。"意思是说，大学的宗旨在于弘扬光明正大的品德，在于使人弃旧图新，在于使人达到最完善的境界。《师说》里说，师者，传道，授业，解惑也。办大学首先要解决好培养什么人的问题，要把立德树人放在首位。大学的每一位管理者和教师，都要增强使命感。"要全面贯彻党的教育方针，落实立德树人根本任务，发展素质教育，推进教育公平，培养德智体美全面发展的社会主义建设者和接班人。"[①]

就高等教育而言，知识的传授和技能的开发固然重要，道德品质和思想素质的培育更加重要。只有培养过硬的思想道德素质，将来走向社会才能立于不败之地，才能为国家为民族做出更大贡献，才能保障人才安全真正实现自身价值。"铁肩担道义，妙手著文章。"对于今天的大学教师来说，这种信念和要求并不过分也不过时。

五、如何培育和践行核心价值观

（一）发挥主渠道作用，加强和改进思想政治理论课

培养人才、育人为本、注重素质、德育为先。德国哲学家黑格尔说

---

① 习近平《决胜全面建成小康社会 夺取新时代中国特色社会主义伟大胜利——在中国共产党第十九次全国代表大会上的报告（2017年10月18日）》，人民出版社2017年版第45页。

过：一个民族如果缺乏精神理念，就像一座庙宇尽管装饰得富丽堂皇但却没有神像一样。我国正加快推进社会主义现代化进程，社会处于转型时期，世界多极化，经济全球化，经济社会深刻变革，利益格局重大调整，思想观念剧烈冲突。在这种背景下，加强和改进大学生思想政治教育尤为迫切和十分重要。

根据《中共中央国务院关于进一步加强和改进大学生思想政治教育的意见》（中发 [2004]16 号）和《中共中央宣传部、教育部关于进一步加强和改进高等学校思想政治理论课的意见》（教社政 [2005]5 号）等文件精神，高校思想政治理论课实施新的教改方案，从2006级学生开始，面向全校本科生开设《马克思主义基本原理概论》《毛泽东思想和中国特色社会主义理论体系概论》《中国近现代史纲要》《思想道德修养与法律基础》等4门必修课程及《形势与政策》《当代世界经济与政治》课程（05方案）。为推进思想政治理论课新方案的顺利实施，充分发挥思想政治教育主渠道的作用，地方本科高校要做好以下几个方面的工作：

第一，加强组织管理，完善领导体制和工作机制，为思想政治理论课教学工作提供坚实保障。学校成立思想政治理论课建设工作领导小组。党委会、院长办公会定期召开专题会议，研究思想政治理论课建设工作。党政主要领导和分管领导坚持课堂听课制度，并通过组织调研、召开座谈会、听取汇报等形式，围绕思想政治理论课建设相关问题征求意见和建议，解决实际问题。将思想政治理论课建设纳入学校事业发展规划，把思想政治理论课作为学校的重点建设课程加以建设，积极参与省级精品课程建设，相关学科列为校级重点学科。宣传、人事、财务、科研等党政部门与马克思主义学院各负其责，相互配合，落实思想政治理论课教育教学、学科建设、人才培养、科研立项、社会实践、经费保障等各方面政策和措施。学校以立德树人作为中心环节，以社会主义核心价值观为主线，构建思政育人、文化育人、专业育人、实践育人"四位一体"的德育体系。

第二，规范教学管理，保证教学质量，充分发挥思想政治理论课在大学生思想政治教育中的主渠道作用。学校全方位开展教学计划管理、教学运行管理、教学质量管理等方面的制度建设，使备课、讲课、评课等教学环节及管理工作有章可循。明确教学主要环节基本要求，规范教学行为，建立有效的教学质量监控和保障体系。全面实施本专科生思想政治教育理论课"05方案"，落实课程设置，足额安排学分及对应的课堂教学学时，积极创造条件开设一定数量的选修课。思想政治理论课均使用全国统编教材。课堂教学规模实现小班化，教学时间安排尽量满足思想政治理论课教学效果需要。将思想政治理论课实践教学纳入教学计划，落实学分、教学内容、指导教师和专项经费，建立相对稳定的校外实践教学基地。积极推进教学方式方法改革，探索实施集体备课、三维立体教学法、案例教学法、阅读指定书籍、撰写调研报告、开设网络课堂等行之有效的教学方法。同时，注重考试方法改革，根据教学性质、内容及教学对象的不同，将结果性考核与形成性考核相结合，采用闭卷、开卷、论文、讨论、读书报告、学生自做课件等灵活多样的思想政治理论课考试考核方式。

第三，坚持引进与培养并重、管理与激励兼顾，不断加强思想政治理论课教师队伍建设。思想政治理论课教师坚持正确的政治方向，具有扎实的马克思主义理论基础，具有良好的思想品德和职业道德，具有较强的责任意识和敬业精神。加大人才引进力度，充实思想政治理论课教师队伍。坚持先培训后上岗制度，做好新任教师的岗前培训和现代教育技术培训工作。有计划、分层次地组织思想政治理论课骨干教师参加各类各级培训，鼓励和支持思想政治理论课教师攻读马克思主义理论相关学科博士学位，并安排专任教师脱产、半脱产进修或做访问学者。思想政治理论课专业技术职务高级岗位比例与学校重点学科高级岗位设置的平均水平基本一致。对教师获得的教学成果奖项、主持的教学科研项目、被有关部门采纳并发挥积极作用的社会调研报告，都作为专业技术职务评定的重要依据。思想政治理论课教师工作量、课酬计算标准与其他专业课教师相同。将思想政治理论课教师表彰评优工作纳入学校各类教师表彰体系，进行统一表彰。

利用学校梯队建设平台，着力提升思政课师资队伍素质。

第四，适应新形势新任务，结合大学生思想政治教育的新特点新要求，积极探索思想政治理论课教学新模式。积极推进思想政治理论课教学创特色，努力探索思想政治理论课教学新模式，推动思想政治理论课建设创新发展；坚持全员参与和专题讲授相结合、理论与实践相结合，提高思想政治理论课教学效果。

毋庸讳言，在马克思主义理论课堂上，仍然存在毛泽东所说的："在学校教育中，在在职干部的教育中，教哲学的不引导学生研究中国革命的逻辑，教经济学的不引导学生研究中国经济的特点，教政治学的不引导学生研究中国革命的策略……这样一来，就在许多学生中造成了一种反常的心理，对于中国问题反而无兴趣，对党的指示反而不重视，他们一心向往的，就是从先生那里学来的据说是万古不变的教条。"[①] 要克服这种现象，需要提高认识、创新观念，努力做到"四真"：即真懂、真信、真教、真爱。中央各大媒体先后推出了几位高校优秀思想政治理论课教师典型，如大连海事大学思想政治理论课教师贾凤姿、安徽师范大学思想政治理论课教师房玫。总结优秀教师的经验和做法，搞好思想政治理论课教学需要做到"四真"。（一）真懂，就是要自己真正理解马克思主义理论的真谛，把握大学生思想的脉搏，从而用准确的马克思主义教育大学生，引导学生树立正确的世界观、人生观和价值观。（二）真信，就是要始终坚信马克思主义的生命力，相信社会主义的光明前景，进而引导学生接受马克思主义理论。（三）真教，就是既理直气壮、充满激情地讲述马克思主义理论，又创新教学方法，让学生易于接受。坚持以学生为本，贴近学生的知识需求、思维需求和发展需求，适应当代大学生的心理特点，引起学生的共鸣。（四）真爱，就是关心爱护学生，教书育人，让学生亲其师、信其道。把关爱学生的责任感与马克思主义理论融为一体，以情动人，以情感人。

---

① 毛泽东《毛泽东选集》第三卷，人民出版社，1991年版第798页。

探索方法、创新方式，努力增强教学效果。中共中央16号文件以来，我们为加强和改革大学生思想政治理论课教学，在教学方式方法上做了一些有益的探索，例如，《马克思主义基本原理概论》"三维立体教学法"（即原理维——准确阐明马克思主义基本原理，知识维——及时介绍与原理相关的科学知识，应用维——理论联系实际，讲实讲活，提高学生分析和解决现实问题的能力）。《思想道德修养与法律基础》"案例教学法"和大学生辩论赛，《毛泽东思想和中国特色社会主义理论体系概论》的课前"新闻综述"等，通过教学实践，取得了较好的效果。我们要学习借鉴其他高校优秀思想政治理论课教师的好经验好做法，努力把理论讲清、讲深、讲透，讲到学生心坎里去。积极与学生交流沟通，增强师生有效互动，充分调动大学生的学习积极性、主动性和创造性。

开辟第二课堂、创新实践教学，努力做到理论与实践的有机结合。认真落实全国高校思想政治工作会议精神，扎实推进思想政治理论课改革创新与实践探索。每门课程要合理安排实践教学活动，周密计划，认真实施，注重实效。切实克服思想政治教育"满堂灌""空对空"和"两张皮"现象，让大学生从实践教学中体会思想政治理论课的生命力和价值。

（二）积极培育和践行社会主义核心价值观

中共中央办公厅印发的《关于培育和践行社会主义核心价值观的意见》（以下简称《意见》）指出，社会主义核心价值观是社会主义核心价值体系的高度凝练和集中表达。"倡导富强、民主、文明、和谐，倡导自由、平等、公正、法治，倡导爱国、敬业、诚信、友善，积极培育和践行社会主义核心价值观。"这24个字是社会主义核心价值观的基本内容，为培育和践行社会主义核心价值观提供了基本遵循。社会主义核心价值观凝练了国家层面的价值目标、社会层面的价值取向和公民个人层面的价值准则，是对民族精神、时代精神，以及爱国主义、集体主义、社会主义的具体注释。在培育和践行社会主义核心价值观中，充分发挥大学的阐释传播、宣传内化和示范引领作用，是大学重要的社会责任。为落实《意见》精神，地方本科高校必须积极行动，探索路径，创新载体，注重实效，培育和践行社会主义核心价值观。

努力把社会主义核心价值观融入大学理念的创新和办学道路的探索，全力推进应用型特色名校建设。建立健全现代大学制度，进一步理顺关系，不断完善体制机制，提升学校治理能力，激发办学活力，推动学校内涵发展、转型提升。扎实推进教育教学改革，不断提高办学质量，深入实施服务区域经济社会行动计划，促进人才培养模式与区域经济社会发展深度融合，办好人民满意的大学。

将培育和践行社会主义核心价值观融入教学科研和管理服务工作的全过程，纳入学校工作的总体规划。教育广大党员干部自觉树立社会主义核心价值观，信念坚定，为民服务，勤政务实，敢于担当，清正廉洁。加强教师的社会主义核心价值观教育，建设一支思想过硬、业务精湛的高校教师队伍。选树宣传先进典型发挥模范引领作用，使核心价值观转化为广大干部职工的日常意识，内化于心，外化于行。广大干部教师要按照《意见》要求，围绕立德树人的根本任务，加强社会主义核心价值观的宣传教育，努力做核心价值观的坚定信仰者、勇于探索者、积极践行者和有力传播者。

把培育和践行社会主义核心价值观融入学校思想政治理论课教育教学全过程，充分发挥思想政治理论课的主渠道作用，进课堂、进教材、进学生头脑。把教书与育人有机结合起来，显性教育与隐性教育结合起来，在传播知识的同时，将爱国主义、集体主义、国情教育等内容渗透其中，引导学生正确看待改革发展中遇到的现实问题，不断提高大学生对社会主义核心价值观的认知和认同，帮助学生树立正确的世界观、人生观、价值观，全面提升自身素质。大学生培育和践行社会主义核心价值观，需要思政课教师、专业课教师和辅导员的共同努力，通过言传身教的思想政治教育工作使社会主义核心价值观内化为大学生头脑中的思想意识。

把培育和践行社会主义核心价值观融入校园文化建设全过程，充分发挥文化化人的功能，积极凝练大学精神。加强大学生培育和践行社会主义核心价值观的理论研究与宣传，秉承和弘扬大学的校训精神。继承和弘扬中华优秀传统文化，增强文化自信和价值观自信。关注大学生的精神世界，创新社会主义核心价值观培育机制，注重大学生的日常生活，创新社会主义核心价值观培育载体，营造校园文化氛围，不断创新社会主义核心价值观培育模式。发掘运用各种新媒体手段，开展各类校内外活动。开展主题党团队日活动，组织举办名家讲堂、演讲征文、歌曲传唱等活动，深入宣传社会主义核心价值观。

把培育和践行社会主义核心价值观与"中国梦"主题教育相结合。《意见》指出，"培育和践行社会主义核心价值观，是推进中国特色社会主义伟大事业、实现中华民族伟大复兴中国梦的战略任务"。社会主义核心价值观既是"中国梦"所追求的理想和价值目标，也是共建共享"中国梦"的精神保障。"三个倡导"是实现"中国梦"的强大精神力量。"中国梦"的实现需要每个人社会主义核心价值观的自觉践行。因此，每位干部、教职工和大学生，都要立足本位，努力工作、刻苦学习，为实现伟大"中国梦"贡献智慧和力量。

把培育和践行社会主义核心价值观融入大学生社会实践全过程，充分发挥社会实践的育人功能。引导大学生勤动手、见行动、强化实践体验。创新工作途径，推进实践育人。打造大学生校外实践教育基地，组织学生参加红色旅游、志愿服务和勤工助学等践行核心价值观的活动，坚持知与行的统一，从我做起、从现在做起、从身边小事做起，使一点一滴的努力汇聚成为核心价值观的大海。

（三）传承优秀传统文化，培养健全和谐人格

人格的培养和塑造是大学生素质全面发展的内在要求。中华优秀传统文化蕴含民族与创新精神是大学生应恪守的行为取向，为大学生人格塑造提供了理想范式，作为隐性的教育方式弥补了人格教育的缺陷。借助于优秀传统文化塑造当代大学生的人格，需要健全地方高校人格塑造体系，

建立社会参与大学生人格塑造的机制，充分发挥家庭教育的积极作用。

习近平强调，要"深入挖掘和阐发中华优秀传统文化讲仁爱、重民本、守诚信、崇正义、尚和合、求大同的时代价值，使中华优秀传统文化成为涵养社会主义核心价值观的重要源泉"[1]。"中国传统文化博大精深，学习和掌握其中的各种思想精华，对树立正确的世界观、人生观、价值观很有益处。""总之，学史可以看成败、鉴得失、知兴替；学诗可以情飞扬、志高昂、人灵秀；学伦理可以知廉耻、懂荣辱、辨是非。"[2]

自觉学习和弘扬优秀传统文化，是培养健全和谐人格的有益滋养。优秀的民族文化是最丰富的精神食粮，也是滋润心田、调节心态的源头活水。爱因斯坦在1950年写的信中说："一个人活着就应该扪心自问，我们到底应该怎样度一生，这是一个合情合理的问题，也是一个非常重要的问题。在我看来，问题的答案应该是：在力所能及的范围内尽量满足所有人的欲望和需要，建立人与人之间的和谐美好的关系。这就需要大量的自觉思考和自我教育。不容否认，在这个非常重要的领域里，开明的古代希腊人和古代东方贤哲们所取得的成就远远超过我们现在的学校和大学。"[3]

六、智商、情商、意商与成才

（一）智商与成才

智商（IQ），即 Intelligence Quotient，就是智力商数。许多人都做过IQ测验，即智商测验。而且一般人都认为智商高低与一个人的一生成就是密切相关的。

西班牙《万象》月刊载文《智商加减法》，文章说：人的智商既是先天因素，也是后天开发与培养的结果，而且智商是可以"破坏的"。经过

---

① 习近平《习近平谈治国理政》，外文出版社2014年版，第164页。
② 习近平《依靠学习走向未来》，《习近平总书记重要讲话文章选编》，中央文献出版社2016年版，第35页。
③ 《爱因斯坦谈人生》世界知识出版社，1984年版，第81页。

多年对这一问题的争论，目前科学界普遍认为，人的智商既取决于基因，也取决于"环境"因素。

智商是用来衡量一个人聪明程度的参数。如果按照科学家拟定的平均智商100为基数，按以下顺序进行智商加减法，就可以知道你从父母那里继承来的一些因素及后天的生活习惯给了你怎样的智商。

如果你的母亲在怀孕期间曾经抽烟、喝酒或喝咖啡，减5分；

怀孕期间大量服药，减10分；

怀孕期间大吃大喝，未保持平衡饮食，减6分；

吸毒，减10分；

怀孕期间情绪紧张，减10分；

早产，减20分；

顺产，但体重不足2.5公斤，减3分；

非母乳喂养，减5分；

你是个爱哭的孩子，减9分；

在贫困或边缘化环境中长大，减14分；

体内缺乏维生素和矿物质，减17分；

与小朋友的关系不融洽，减5分；

从小爱好阅读，加5分；

从小贪吃，尤其喜欢可口可乐一类的饮料，减5分；

从不参加校外活动，减6分；

参加过音乐辅导课，加3分；

睡眠不足，而且没有午睡习惯，减5分；

睡觉时有打鼾的习惯，或者呼吸较重，减5分；

父母对你关怀备至，加7分；

感觉自己在家中或学校中都是被排斥的对象，减15分；

辍学，减6分；

你是被动吸烟者，减4分；

热衷于手机短信息，减10分；

你是主动吸烟者，减10分；

每周3次体育锻炼，加15分；

经常感到情绪低落、焦虑或抑郁，减8分；

善于思考，加10分；

经常接触有毒物质，减9分；

适当饮酒，加3分；

　　如果你的智商分值低于89分，证明你的生活习惯已经影响到你的智商，如果低于69分，则说明这种影响已经非常严重。[①]

　　有关资料表明，东亚人平均智商冠全球。据香港《文汇报》报道，英国和美国等专家在研究全球人种的智商时发现，东亚人智商在全球最高，欧洲人紧随其后。东亚人成年后大脑容量比白种人平均多1立方英寸。世界上智商最高的国民分布在中国、新加坡、韩国和日本，他们的平均智商高达105。

　　据英国《泰晤士报》报道，英国阿尔斯特大学研究人员的一项研究表明，德国人的智商全欧洲最高，大大超过英国人和法国人的水平。负责此项研究的林恩教授在他的《智力的人种差异：进化分析》一书中亦有这样的结论：东亚人智商平均达到105分，全球最高，欧洲人紧随其后，达到100分。

　　此外，美国心理学协会2005年进行的一次调查显示，通过对全球人种的智商（IQ）测试对比发现，各人种的智商值存在差异，最大相差50%，东亚人比美国白人和黑人都要高。通过核磁共振研究显示，大脑容量与IQ值之间的系数比约为0.40，容量大的大脑拥有更多的神经细胞和

---

① 参见《智商加减法》，《参考消息》2006年7月12日。

神经连线，处理信息的速度更快。东亚人大脑容量比白种人平均多1立方英寸，白种人又比黑种人多5立方英寸。

美籍华人专才最优秀。美国有关人口研究专家指出，中国人的智商大大超过欧洲人、美国人。专家经过研究后发现，在建筑师、物理学家、博物学家等专家中，智商都以美籍华人为最高，美国人则最低。在其他10个行业智力测验中，也有8个行业美籍华人超过美国人的智商。

（二）情商与成才

人类智能的研究领域有了极其重大的新发现。国外最新研究表明，最精确、最惊人的成就评量标准是EQ，而不是IQ。心理学研究表明，在现代社会中，获得事业的成功，只有20%取决于智力因素，而80%取决于非智力因素——情商。

情商（EQ），即Emotional Quotient，意思是情绪智慧或情绪智商，简称为情商，与智商（IQ）相对，是评价人的情绪智力发展水平高低的一项指标。1955年，美国哈佛大学心理系教授丹尼尔·戈尔曼在总结大量有关理论和实验结果的基础上，写出《情绪智力》一书。书中引用了与"智商"相对形式命名的术语——"情商"，描述了一种了解自身感受，控制冲动和恼怒，理智行事，面对各种考验保持平静和乐观心态的能力，通过综合评价人的乐观程度、理解力、控制力、适应能力等因素来测定人的智慧水平的新标准。

情商的基本内涵可以概括为两个方面：一是对自身能做到正确的认知，能妥善管理自身情绪并善于自我激励；二是能做到认知他人情绪并善于建立和谐的人际关系。EQ具体包含五方面的内容：（1）认识自身的情绪；（2）妥善管理自身的情绪；（3）自我激励；（4）认识他人的情绪；（5）人际关系的管理。

丹尼尔·戈尔曼指出，情商是个人最重要的生存能力。情商是一种个体的品质要素，一种发掘情感潜力，运用情感能力影响生活各个层面和人生未来的关键性品质要素。高情商是优秀人格与高尚情操的完美结合。

马克思说过："一种美好的情绪，比十服良药还能解除生理上的疲惫和痛楚。"国外有位专家也说过："在一切对人不利的影响中最能使人短命夭亡的，莫过于不好的情绪和恶劣的心境。"一个人想获得成功，就必须大力提升自己的 EQ。EQ 是成功者，尤其是领导者所必须具备的一种基本能力。EQ 已越来越引起人们的重视，甚至被纳入教育过程。人类学、心理学、生理学和逻辑学的最新研究证明，人人都有巨大的潜能，从理论上讲人脑的潜能是无穷无尽的，一个平常人仅仅发挥了自己 1/10 的潜能，只要充分地挖掘自己的潜能，并有恒心培养自己的情商，人人都可以成功。

清华大学教授樊富珉认为，一个人只有优异的成绩，却不懂得与人交往，是个寂寞的人；只有过人的智商，却不懂得控制情绪，是个危险的人；只有超人的推理，却不了解自己，是个迷惘的人。古人云："心弱则志衰，志衰则不达。"

究竟什么是情绪？就其字面意思而言，是指心灵、感觉或感情的激动或骚动，泛指任何激越或兴奋的心理状态。这里所说的情绪是指感觉及其特有的思想、生理与心理的状态及相关的心理倾向。诸如愤怒、恐惧、快乐、爱、惊讶、厌恶、羞耻，等等。亚里士多德曾说："问题不在于情绪本身，而是情绪本身及其表现方法是否适当。"

在传统的情绪理论和研究中，大部分心理学家都把主观体验作为情绪的中心成分，强调意识经验在情绪产生和情绪状态中的作用。而在心理学的发展历史过程中，对人类无意识心理的关注也有了很长的研究传统。自从现代认知心理学家提出认知无意识的概念后，无意识情绪问题逐渐引起情绪心理学家的兴趣和关注，并取得了一些研究成果，在一定程度上证明了无意识情绪的存在。

在生活中，我们能够体验到各式各样的情绪，比如当通过艰难的考试，你会感到高兴和满足；当找到真爱的另一半，你会感到激动和幸福……这些情绪也直接影响着我们的心理健康，甚至影响到我们在学习和工作中的行为表现。对情绪加以合理调节和控制，不仅能够促进人的健康，更能提高工作效率，改善人际关系，提高生活质量。卡耐基说："在我们生命的每一天，每个人首先面临的则是情绪管理。因此，我毫不犹豫地将情绪管理称为整个人生的第一管理。"一位心理学家说："以快乐的心情从事工作，努力与人和睦相处，并尽力使日常生活简单化，你若能做到这些，你便已经踏上成功之路了。"

人在处理问题时有三个层面：观念层面、情感层面和行为层面。观念层面，是人身上的方向系统。所谓观念是人的大脑中对一个事物形成的思想集合，是理性的、理智的。情感层面，是人处理问题的核心层，是人身上的动力系统。对于问题的处理，如果不落实到情感层面，观念浮于其上，就没有使一个人产生行为，发生动作的动力。爱因斯坦曾这样评价伟大的物理学家麦克斯·普朗克："我们看到，普朗克就是因此而专心致志于这门科学中的最普遍的问题，而不是使自己分心于比较愉快和容易达到的目标上去的人。我常常听说，同事们试图把他的这种态度归因于非凡的意志和修养，但我认为这是错误的。促使人们去做这种工作的精神状态，是同宗教信仰者或谈恋爱的人的精神状态相类似的。他们每日的努力并非来自深思熟虑的意向或计划，而是直接来自激情。我们敬爱的普朗克先生今天就坐在这里，内心在笑我像孩子一样提着第欧根尼的风灯闹着玩。我们对他的爱戴不需要作老生常谈的说明，我们但愿他对科学的热爱将继续照亮他未来的路，并引导他去解决今天物理学的最重要的问题。"[①] 可见，一个人的成功是和他执着其中的热情和情感分不开的。有了宗教和热恋情人的情感状态，就是人对他所做的事的有力推动。在情感和理智中，人们的潜意识是更接受情感的。

加强情商培养，要注意激发情感潜能，培养积极的心态，确立远大的目标，树立勇气和自信心。善于把握和控制自己的情绪反应，能够觉察自己的真实情绪，及时纠正不良认知，调节自己的情绪。增强挫折承受能

---

① 转引自董进宇《培养真正的人》，海潮出版社2004年版，第95页。

力，建立良好的人际关系。

认识你自己，还要管好你自己。自知、自律、自强。管好自己的情绪，管好自己的行为，管好自己的金钱，管好自己的人脉和社会关系。一个人如果连自己都管不好，那就不可能管好或影响别人，也就不可能取得成功。

（三）意商与成才

有人做了进一步研究和划分，除了智商、情商，还有意志商数，简称为意商。

马克思之所以成为千年第一思想家，除了他良好的聪明才智，还与他远大的抱负和坚强的意志分不开。他在1835年8月写的《青年在选择职业时的考虑》这篇中学毕业作文中，表达了自己的崇高理想："在选择职业时，我们应该遵循的主要指针是人类的幸福和我们自身的完美。""如果一个人只为自己劳动，他也许能够成为著名学者、大哲人、卓越诗人，然而他永远不能成为完美无疵的伟大人物。""如果我们选择了最能为人类福利而劳动的职业，那么，重担就不能把我们压倒，因为这是为大家而献身；那时我们所感到的就不是可怜的、有限的、自私的乐趣，我们的幸福将属于千百万人，我们的事业将默默地、但是永恒发挥作用地存在下去，而面对我们的骨灰，高尚的人们将洒下热泪。"[1]

美国科学家进行一项跟踪调查研究，发现年轻时有较大理想信念的人，成年后大多进入美国上流社会；有着一般理想信念的人，大多成为白领；缺乏理想信念的人，则成为平凡之辈。

曾有研究人员专门就我国目前大学生人文精神状况进行过问卷调查，在对问卷进行统计分析后发现，在回答"你的信仰是什么"的问题时，66.1%的人选择了"实用主义"，接下来依次是"共产主义"(13.3%)、"享乐主义"(11%)、"功利主义"(5.1%)、"个人主义"(4.5%)。在回答"你的理想和追

---

[1] 《马克思恩格斯全集》第40卷，人民出版社1982年版，第7页。

求是什么"的问题时，64.5% 的人选择了"事业成功，生活满意"，10.6% 的人选择了"家庭生活幸福"，1.9% 的人认为是"个人的名利"。此外，还有 14.7% 的人回答"人格的完善"，1% 的人说要"为共产主义而奋斗"。这个结果反映出，大学生的思维方式已经发生了很大的转变，那就是从重理想转向重现实，重功利、讲实惠的人生价值取向突出，注重物质利益和短期的回报，而对远大理想和精神价值的追求则显得软弱。这种精神状态对青年人成才和发展的影响值得重视和反思，必须加以积极引导和矫正。

有一位外国现代心理学家在一本著作中说："相信思维和信念的力量，唤醒你体内酣睡的巨人，它比阿拉丁神灯的所有神怪都强大！而且，那些神怪都是虚构的，而在你身心中的巨人却是真实的。"[1] 现代心理学大师威廉·詹姆斯博士曾说过："一个人无法以意志来控制他的情绪，但是你可以用你的意志来控制你的举止。"

曾经有一位生来就驼背的波斯王子，在他 12 岁生日那天，父王答应送他一件他希望得到的礼物。出乎意料的是，王子要一件自己的雕像，而那雕像必须有一个完美的躯体，挺直而美好。雕像做好后被放在宫廷的花园里，每天早晨起床后和晚上睡觉前，他都要到自己的雕像前伫立一会儿，并且自己对自己说："这就是你，王子！这就是你长大后的样子，挺拔的身躯，英俊的面庞。"就这样，石雕的图像一天天在王子心中扎下了根，成为他的梦想和信念。每天晚上躺在床上，他都比前天晚上把身子伸得更直些，每个白天走路时，他也努力将胸膛挺得更高些，日复一日，年复一年，王子坚持着自己的信念，等到他长大成人后，人们惊奇地发现，那个驼背的少年王子，变成了一个英俊挺拔的青年。

信念是一个力大无比的巨人，它可以创造出令人难以置信的奇迹。每个人在自己的一生中，都会遇到困难和挫折，但只要有了坚定的信念，你的生命就会焕发出灿烂的光芒。

现代人才成长理论认为，成才主体的创新活动虽然要以一定的智能水

---

① 转引自王石《信念的力量》，《青年作家》2006 年第 1 期。

平为基础，但智力因素不是成才的根本原因，人才的成功与否，取决于主体创新人格的形成和发展。因为创新过程不仅仅是一种单纯的智力活动过程，还包括许多个性心理品格方面的因素。历史上许多科学和文化巨匠，如爱因斯坦、巴尔扎克、达尔文等，他们都没有超凡的智力，甚至一度被视为"笨蛋"，但最终都取得了举世公认的成就，其原因正如爱因斯坦所言："智力上的成就在很大程度上依赖于性格的伟大，这点往往超出人们通常的认识。"情感、意志等人格因素与人的创造力密切相关，都是创新实践不可缺少的重要条件。例如需要、动机、兴趣和情感，是引起人们不断进行创新活动的内在力量和重要前提，一个人如果没有形成强烈的创新需要与动机，缺乏对某项事业浓厚的兴趣，很难想象他会对这项工作投入巨大的热情。正如列宁所说，"没有'人的感情'，就没有也不可能有人对真理的追求"。意志也是创新人才必须具备的品质，法国细菌学家巴斯德对此直言不讳地说："告诉你使我达到目标的奥秘吧，我唯一的力量就是我的坚持精神。"可见，任何一项创新要想获得成功，取得有价值的成果，都需要有执着的勇气、坚韧的毅力、顽强的斗志和锲而不舍、不屈不挠的精神，这是科学创造的艰巨性和长期性所决定的。

一个人的成功，不但取决于好的智商，还要有好的情商和意商。苏轼说过："古之成大事者，不唯有超世之才，亦必有坚韧不拔之志。"马克思有句名言："在科学上没有平坦的大道，只有不畏劳苦沿着陡峭山路攀登的人，才有希望达到光辉的顶点。"[①]

孟买佛学院是印度最著名的佛学院之一。与众不同的是，该学院大门一侧又开了一个小门，这个小门只有1.5米高，40厘米宽，一个成年人想过去必须弯腰侧身才行。其实，这正是孟买佛学院给它的学生上的第一堂课。所有新来的人，教师都会引导他到这个小门，让他进出一次。显然，所有的人都是弯腰侧身进出的。教师说，大门当然进出方便，而且能够让一个人很体面很有风度地出入。但很多时候，我们要出入的地方并不都是

---

① 《马克思恩格斯全集》第23卷，第26页。

有着壮观的大门，或者，有大门也不是随便可以出入的。这时只有学会了弯腰和侧身的人，只有暂时放下尊贵和体面的人才能够出入。老师说，佛学的哲学就在这个小门里，人生的哲学也就在这个小门里。人生的路上，尤其是通向成功的路上，几乎是没有宽阔的大门的，所有的门都是需要弯腰侧身才可以进去的。要学会适度弯腰，暂时委曲求全，不要丧失信心，因为你是度过暂时的逆境，是为了自己光明的未来。

历史上，力能扛鼎的西楚霸王项羽，却败在了平头百姓刘邦的手下，常常让人觉得匪夷所思，不可思议。但是，如果冷静地做一个分析，就会发现，刘邦的胜利是有道理的。刘邦和项羽两个人有着完全不同的性格，正是这些性格的差别决定了他们的成败和命运。这些不同是：刘邦志向远大，项羽鼠目寸光；在失败面前，刘邦冷静沉着，项羽狂暴浮躁；在做人方面，刘邦豁达大度，项羽气量狭窄；刘邦心狠手辣，项羽儿女情长。正是这些不同因素，两个人较量的结局是：刘邦知人善任，麾下群臣才华横溢，他们君臣携手，同心同德，最终打败了兵多将广、不可一世的项羽。①

诸葛亮一生之所以有着杰出的才华和伟大的贡献，正如他在"诫子书"和"诫外生书"中所总结的，要"静以修身""俭以养德"；要"淡泊明志""宁静致远"。只有淡泊名利和物欲才能使志气高尚明亮，只有宁静才能思维缜密、做事达到高远的目标。他还强调，学以广才，志心成学。只有通过刻苦学习才能使自己的才学广博，无所不通；而要想学有所成，却非有高尚的志气贯穿人生是达不到的。他特别反对浮躁和懒惰，"谣慢则不能励精，险躁则不能治性"。

北京大学教授金开诚曾讲道，《三字经》说："人之初，性本善。性相近，习相远。苟不教，性乃迁。"这话很有道理，人在少年时期正是接受德育、修养品性的最佳年龄。但现在的中小学生在应试教育的重压之下，不大可能做到德智双修。从实际情况看，德育应包括"意商"和"情商"，就是意志的坚强程度和情绪的控制能力。一个人倘若意志薄

---

① 参阅易中天《项羽何以输给刘邦？》，《书摘》2006年第6期。

弱，他怎么可能持久而顽强地"进德修业"？现在因意志薄弱而走向堕落的人比较多见，且不说吸毒、卖淫、偷盗这类违法行为，就染上"网瘾"而言，青少年一头扎进网吧，荒课逃学，几天几夜不出来，这又如何进德修业呢？

再说情绪控制能力，消极现象也很严重。现在有些人实在太任性了，情绪一激动就走向极端，而不考虑行为的后果。还有的青少年（包括大学生）缺乏心理承受能力，受到挫折就做出消极或过激的反应。所以"意商""情商"是实实在在与进德修业紧密关联的，理应成为修身克己的重要内容，积极自觉地经受锻炼。他说，我通过自己的人生阅历，深感随着现代物质文明的发展，人的任性与纵欲程度正呈现出攀升之势。中华传统文化的修身克己思想正是任性纵欲的对症良药。中华民族在这方面的独创性思维经验很应该在全世界传播与弘扬。

从某种意义上说，人不是生活在物质里面，而是活在自己的精神里。因为对于人的生命而言，要存活，只要一箪食、一钵水足矣。但要活得精彩，就需要有宽广的心胸，百折不挠的意志和化解痛苦的智慧。如果精神垮了，没有人救得了你，更无法侈谈什么成功了。

杨福家先生在其《大学的使命与大学生的责任》一文的最后，送给大家三句话：

第一，要发现自我，to be yourself。要了解自己，在导师和家长的帮助下真正了解自己。

第二，要有信心，to be confident。学校教的只是基本知识，真正产生影响的，不是具体知识，而应当是一系列的精神，所以应该自信。

第三，要学会享受周围环境，enjoy yourself。

生活是美好的，责任是重大的。我们应该用行动来丰富大学的文化，并在大学精神弥漫的氛围中，探索奥秘，追求真理，付诸实践，实现梦想。[1]

---

[1] 参见杨福家《大学的使命与大学生的责任》，《文汇报》2006年6月18日。

第八章 建章立制 和谐发展

一、大学管理是系统工程

（一）大学改革不只是校长的事

据媒体报道，2013年6月26日，浙江大学校长任命终于尘埃落定，由重庆大学原校长林建华出任（2015年2月已调任北京大学校长）。这一任命当时曾引起浙大校友们的热议。

教育专家熊丙奇表示，浙大校长任命风波，反映出学校的教授、校友们希望对校长任命有参与权、知情权、表达权的需求。在很多国家，选拔校长需要组成校长遴选委员会，按照学校标准进行公开选拔。在选拔的过程中，教授和学生都有权表达自己的意见。而中国的校长选拔任命则是行政主导，这样的选拔，具有行政标准，而不是学术标准。候选人要有行政级别，也要符合上级心意。因此校长是官员，而非教育家。另外，校长到岗后，主要对上负责，而不是对教师和学生负责。这样选拔出来的校长，追求的是行政办学的政绩，这就导致中国大学办学存在非常严重的行政化问题。

熊丙奇指出，在2012年的教改方案中，国家就提出了去行政化改革，要转变政府管理模式，取消学校存在的行政级别，完善校长公选的办法。2011年，教育部选择5所学校进行校长公选试点，但是这个范围还是很小，同时，试点还是以行政作为主导。虽然教育部门也意识到去行政化的迫切性，但在推进中还存在问题。浙大的情况也反映出推进校长公选制已经刻不容缓。

建立现代大学制度是大势所趋。2010年国务院办公厅下发《关于开展国家教育体制改革试点的通知》，鼓励各地各校大胆试验，以改革推动发展，以改革提高质量，以改革增强活力，使教育更加符合时代发展的要求，更加适应经济社会发展的需要，更加顺应人民群众对接受更多更好教育的新期盼。《通知》确定了改革试点十大任务，其中之一就是改革高等教育管理方式，建设现代大学制度。

现代大学制度包括两个层面的内容。在宏观层面，强调政府宏观管理、市场适度调节、社会广泛参与、学校依法自主办学；在微观层面，强调党委领导、校长负责、教授治学、民主管理。现代大学制度的核心是：在国家宏观调控政策指导下，大学面向社会，依法自主办学，实行科学管理。

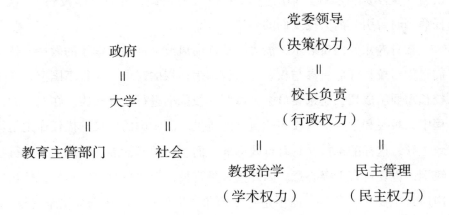

大学依法自主办学，表现在大学校长人选上高校教职工有没有发言权？有多大的发言权？应当说，随着干部人事制度改革的稳步推进，这些年高校校长的选拔已经逐步做到了公开、透明、民主。上级教育主管部门通过各种途径，充分听取并尊重高校教职工的意见建议，这无疑是巨大进步。校长人选，事关学校的生存与长远发展。浙大校友会通过正常渠道理性表达自己的意见，这是现代大学制度赋予浙大人的权利。现代大学制度明确规定，高校实行党委领导、校长负责、教授治学、民主管理。大学校长既要懂管理，还要懂教育，特别要熟悉高等教育发展规律。

（二）顶层设计 战略思维

推进大学改革，必须树立科学的改革观，要用科学发展观来指导改革、统领改革和推进改革。改革要搞好系统设计，加强顶层设计和摸着石头过河相结合，提高改革决策科学性，做到全面协调可持续。摸着石头过河，就是摸规律，从实践中获得真知。改革开放是没有先例的伟大事业，没有现成经验可以借鉴。只有大胆闯，勇于试，采取摸着石头过河的策略。然而，随着改革开放向纵深推进，深化改革的复杂性、艰巨性大大增强，为此，推进改革必须坚持统筹兼顾，不能头痛医头、脚痛医脚。"不谋万世者，不足谋一时；不谋全局者，不足谋一域。"习近平指出，我们提出全面深化改革的方案，是因为要解决我们面临的突出矛盾和问题，仅仅依靠单个领域、单个层次的改革难以奏效，必须加强顶层设计、整体谋划，增强各项改革的关联性、系统性、协同性。大学改革涉及政府、大学、社会方方面面的复杂关系，没有整体谋划、协调推进，改革就不可能取得成功。

顶层设计作为一种战略思维和宏观设计，更加注重系统性、整体性、协同性、贯通性和前瞻性。搞好顶层设计就是要有的放矢，抓核心、抓重点，明确改革目标和方向，同时注重理论创新，用创新性思维来指导进一步的改革。坚持学必求深，做必务实，行必求远，才能把中央顶层设计的好政策落到实处。只有把"摸着石头过河"与"搞好顶层设计"有机结合起来，才能渡过大江大河，更好地坚持和发展中国特色社会主义大学制度。

恩格斯有句名言，"蔑视辩证法是不能不受惩罚的"。全面深化改革必须坚持唯物辩证法，完善改革方法论。改革任务越是繁重，越需要我们自觉以辩证思维武装头脑、不断提高治理能力，用好辩证思维这个法宝，用科学方法善做善成。要注重战略思维、系统思维、整体布局、协同推进，全国一盘棋、全校一盘棋。注重实事求是，尊重规律，探索规律，与时俱进。建立问题倒逼机制，破除制约发展的各种障碍。注重逆向思维，实行负面清单制度，制约政府行为。注重底线思维，设置行为红线，把权力关进制度的笼子，不越轨、不出界，推进法治政府、依法治校建设。

（三）集成战略 科学发展

实施集成战略，整合优势资源，提高学校核心竞争力。作为地方高校，就单独学科或方面的比较优势而言并不明显。要真正发挥学校的比较优势，就必须转变思路，实施系统集成战略，整合学校优势资源，提高自我发展能力，激励教职员工在贡献中得实惠。大学是各种资源，包括智力、财力、政府、政策、校友、社会、美誉度等资源的集成体。既有内部资源，也有外部资源，既有有形资源，也有无形资源。通过创造、盘活和整合，将各种潜在资源真正变成可以支撑学校发展的现实资源和有效资源。通过采取各种有效措施，不断节流开源，整合盘活资源，优化资源配置，拓展资源渠道，提高资源使用效益，增强自我发展能力和核心竞争力。

（四）信息管理 简捷高效

高校信息化是高等教育现代化的需要。随着科学技术的不断发展，信息技术将引发高等教育的巨大变革，高等学校要真正步入经济、社会发展的中心舞台，发挥"新世界经济发展火车头"的作用，就必须加快构筑与现代化教育相适应的信息化体系，确保教学、科研、文化传承和社会服务四大功能的有效发挥，这是高校改革和发展的一项紧迫的战略任务，也是高等教育现代化的必然选择。教育信息化是教育现代化实现过程中的重要内容，是实现教育现代化的重要步骤；没有教育的信息化，就不可能实现高等教育的现代化。高等教育信息化是知识经济时代高等教育现代化的必然趋向，必将极大地促进高等教育现代化的进程。

高校信息化是深化教学改革、培养新型人才的需要。在知识经济时代，科学技术与市场经济的互动发展，迫切要求高等学校培养出的人才，首先必须掌握现代科学技术手段，同时又必须具备多渠道获取知识和信息的能力，通过知识和信息资源的借鉴和吸收，开发自身智能，培养创新意识，完善和发展自己。创新能力的形成，依赖于知识、信息的积累和运用，信息化建设作为一种战略性决策和技术手段，可以确保学校知识、信息的流通，以使信息技术所提供的强大的信息处理能力与人的发明创新能力得到有机结合，从而不断提高高校人才培养质量和技术创新能力。另外，信息化将信息论与系统论的思想和方法引入教育研究和教学过程，使计算机多媒体辅助教学的应用更加有效，并为教学过程提供了一个良好的建构主义学习环境（如多媒体教学），增强了学习过程的互动性，提高了学生的学习兴趣；在教学方法上，各种现代教育技术手段的广泛应用、计算机网络的应用，为学生提供了丰富的资源和便利的空间，极大地发挥了学习者的自主性和积极性。由此可见，如果没有信息技术、网络技术和多媒体技术的支持，没有信息化的教育教学环境，教育教学的改革将只能是局部的、有限的、表面的，无法从根本上实现素质教育和创造性人才的培养目标。

高校信息化是提高管理水平的需要。20世纪70年代末80年代初，美国学者曾提出信息资源管理理论。他们认为，管理思想的发展过程，就是从科学管理到信息资源管理的思想演变过程，是管理重心从产品管理到人本管理再到信息资源管理的变化过程。如今的管理已从工业时代的旧范式发展为信息时代的新范式，在人类社会活动过程中，信息流调节着人流与物流的数量与方向，行使着组织、计划、指令、协调和控制等职能。有效的信息流通已成为把组织中的成员联系起来，以实现共同目标的手段。可见，信息在管理活动中具有举足轻重的地位和作用。作为知识创新和知识传播主体的高等学校，应该把信息管理作为促进学校发展的重要手段和战略环节，将信息发展目标与学校发展目标有机结合起来，通过利用网络技术、计算机技术和通信技术对学校中各类信息资源进行全面、科学、规范的管理，创新性地整合和集成，以达到管理业务流程的合理重组和管理职能的转变，进一步综合集成各种互相联系的管理功能，提高信息交流效率，促进管理的科学化和民主化。

当前，重视和加强高校信息化建设需要做到：

第一，重视信息化系统建设。教育信息化建设是一项综合性、系统性、创新性工程，是有组织的技术、管理互相结合的项目，它的整体性和协调性是非常重要的。信息系统的形成牵涉方方面面，投入大，没有人力、物力、财力的支持，没有统一协调检查落实，没有领导的重视与参与就无法落实。因此，信息化建设必须坚持自上而下、统筹规划，必须要有一个全面的系统规划，并建立信息发展的顺序。具体来说，则是要调整现有的管理体制，使之适应信息系统建设的要求；决定信息系统建设的规模，以及保证资金来源；组织和稳定信息队伍与技术队伍；制定有利于建设的政策，以确保该项工作支持力度等。在信息化建设过程中，学校各部门都应根据自己部门的情况，提出合理的建议和计划，然后由信息中心人员参与，共同进行学校信息化建设。对信息资源必须实行统一管理，信息才能成为资源，才能为学校各部门所共享，高校的信息化建设才能做到效益最大化、投资最小化和利用充分化。信息中心作为综合管理部门，其主要职责除了具体负责学校信息化建设实施外，还必须具有管理与协调职能。信息中心人员不仅要熟悉业务流程、组织模式，还要了解信息技术的发展现状和未来趋势，扮演学校与信息技术的"接口"，成为学校信息化建设的主要实施者之一。

第二，重视信息资源建设，避免重硬轻软。硬件建设是实现教育信息化的基础，信息资源的开发和建设则是教育信息化建设的核心，也是教育信息化建设的长期任务。信息资源建设，要走引进与自主建设相结合的道路，联合多方面的力量，共同建设。一般有以下几种途径：一是链接，将学校的服务器与互联网上大量免费的教育教学资源网站进行链接，直接实现教育教学资源共享。有关此类链接，可通过专家介绍或者搜索引擎搜索，再由校园网的维护人员负责定期更新。二是镜像，通过与互联网上一些高水平、高质量的教育资源库建立全部或部分的镜像，以获取更新、更专业化的资源。三是自主制作和二次开发，这是由全体教师共同完成，通常学科教师是这类资源建设的主力军，他们经过教育技术理论与技术培训，掌握计算机操作技能，再结合丰富的学科教学经验，可以制作出教学所需的各类课件或素材；市场收集，学校设立资源建设小组，根据教学需求，专门负责收集市场上优秀的 CAI 课件和教学素材。

第三，加强信息化人才队伍的建设。高等教育信息化建设必须树立以人为本的思想，加大信息化人才队伍培养的力度。一要加强高校教师的信息化技能培训。教师是实践教育技术和推动教育信息化的重要力量，教师的信息技术水平和应用能力直接影响着教育信息化的进程，因此必须重视教师的信息技术和教育技术培训。教师培训内容包括：思想观念的培训，了解信息技术在现代社会特别是在教育领域中的地位和作用，树立在学科教学中应用信息技术的意识，具有科学的、基于信息技术的现代教育技术思想和新教育观念；基本技能的培训，掌握信息技术的基本知识和基本操作技能，具有获取、交流、处理与应用教学信息的能力，并具有将信息技术与学科教学相整合的能力。其中应把建立新的教育观念放在教师培训的突出位置。二要通过有效途径，加大专业技术人才的培养力度，帮助他们迅速掌握现代信息理论和信息技术，建立一支责任心强、技术过硬、适应信息化建设需要的精干的信息技术维护人员队伍，确保信息系统的合理设计、科学运作，及时排解问题、处理问题。三要进行全员培训，包括领导和管理人员，帮助他们掌握信息系统开发步骤、过程及一般原则，树立信息化思想，增强信息化意识，提高信息化素养。强化各级各类管理人员的计算机水平，使他们能够并且善于利用计算机等信息工具和设备来处理日常管理工作，提高工作效率，促进教育管理体制的改革和创新。

二、一流大学须有一流党建

建设一流大学须有一流党建做保障。坚持党对一切工作的领导，是习近平新时代中国特色社会主义思想的基本方略，也是办好中国特色社会主义大学的根本保证。习近平总书记指出，加强党对高校的领导，加强和改进高校党的建设，是办好中国特色社会主义大学的根本保证。这是新形势下高校党建工作的思想指南，为办好中国特色社会主义大学提供了根本遵循，指明了前进方向。新形势下，高校党建工作必须抓住重点、关键与核心，以创新的思路寻求解决问题的途径和举措，使高校党建工作永葆生机与活力。

（一）打铁必须自身硬

高等教育事业离不开党的领导这一根本保证，只有坚持党的领导，努力提高高校党建科学化水平，才能保证高等教育的正确方向，确保完成培养人才的目标。高校要以党的自身建设为重点，把好"入口关"，强化党员党性教育，不断提升党组织的战斗力。

以思想建设为先导，强化党员党性意识教育。推进"学党章党规、学系列讲话、做合格党员"学习教育常态化制度化，扎实开展"不忘初心、牢记使命"主题教育，用习近平新时代中国特色社会主义思想武装头脑，着眼于解决党员意识观念的问题，坚持不懈加强思想教育。强化党员的政治意识、大局意识、核心意识、看齐意识，积极发挥党员作用、提升党员形象。高校党组织在思想、行动上要与党中央保持高度一致，确保学校的各项工作始终在中央的大政方针和上级党委的统筹决策指导下健康运行、协调发展。引导广大党员团结协作，营造"一心一意谋发展，聚精会神干事业"的良好氛围。加强廉洁教育，强化底线思维。加强党风廉政建设，关系到党员群体的形象，也是推进党员队伍建设的根本保证。

以作风建设为抓手，发挥党员先进作用。积极打造灵活、分散、多样、实用的活动平台，大力发挥活动功效，促进作风转变。按照整体部署、创新内容、体现特色的原则，积极推进师德师风建设和机关作风建设，通过党员责任岗、党员示范岗的带动，培育教师形成良好的师德师风。有效提升党员形象，发挥党员作用，让党员结合思想和工作实际，身体力行、率先垂范，以良好的形象、良好的作风做好本职工作。要从师生反映强烈的问题入手，结合工作实际制定有针对性和可操作的整改方案，做到查有目标，改有方向，切实解决作风问题。

以制度建设为重点，深化党风廉政建设。加强廉政制度建设，从源头上预防和治理腐败。进一步落实重大事项集体决策制度，不断完善党委领导下的校长负责制，进一步完善领导班子决策程序，推进决策科学化和民主化，认真贯彻党风廉政建设主体责任和监督责任。通过召开党员会、组织收看党风党纪教育宣传片、自学等形式，加强对党员干部党性党风党纪教育。紧扣教育预警、责任追究、民主监督三个环节，坚持教育手段多样化、民主决策正常化、党务公开制度化、财物管理规范化、纪委监督全程化等做法，将党风廉政建设落到实处。

（二）发挥好堡垒和模范作用

进一步优化党建工作机制。优化党建工作机制是发挥党组织的战斗堡垒作用和广大党员的先锋模范作用的关键。高校党建工作应与学校育人工作有机融合，把弘扬优良的党风与培育优良的校风、学风紧密结合起来，推进党建长效机制建设。

点上抓指导，充分发挥党员的引领示范作用。每个党员都是一个"点"，以提高党员素质、增强党员意识为重点，构建党员经常性教育机制。把理论学习与解决当前热点、难点、焦点问题相结合，把解决思想问题与分析社会现象相结合，通过定期开展讨论和辨析，帮助党员厘清思想认识，树立正确的人生观、世界观和价值观。充分发挥党员的引领示范作用，以党风建设带动学风、校风建设，增强党员凝聚力。

线上抓教育，增强基层支部的战斗堡垒功能。按照学习型党组织建设的要求，利用高校自身的师资优势，积极开展教育培训。当前和今后一个时期，要重点搞好党的十九大精神学习宣传工作，学深、弄通、做实。要用习近平新时代中国特色社会主义思想武装头脑。教育方式要从"大教育、大培训"向"分层、分类培训"转变；教育对象要从"党员、积极分子"向"全员培训"转变；教育目的要从"被动接受"向"主动学习"转变，从而不断提升教育培训效果，增强基层支部的凝聚力和战斗力。

面上抓团队，拓展党建工作空间载体。高校学生群体个性独立、思想活跃、时代感强，集体意识也不仅局限于班级而是向社团延伸，在这种形势下，有必要探索党支部设置的新形式，以团队为纽带纵向设立党支部，建立学生党建工作有效延伸的创新机制。通过校园文化活动和网络开展组织生活，既尊重学生的客观存在和内在需求，又达到宣传和教育的目的，拓展高校党建工作覆盖面，提升高校党建工作凝聚力。

着重抓考核，完善党员评价激励机制。建立科学的党建工作考核评价体系，是实现党建工作科学化目标的内在要求，是落实党建工作的重要环节和有效载体。构建公平公正客观的考评体系，有利于促进和增强各级党组织及党员工作的积极性、主动性和创造性。通过考核评价，达到以评促建、以评促改、以评促优的目的。

（三）着力建设"三型"党组织

加强学习型、创新型、服务型党组织建设，不断提升党组织的服务成效。新形势下，建设服务型党组织既是贯彻中央要求，也是高校走以质量提升为核心的内涵发展之路的实践需要。高校党组织应围绕立德树人，通过构建服务网络，提高服务能力，创新服务载体，完善服务机制，不断提升党组织的服务能力和服务水平。

转变服务理念。要牢牢树立为人民服务的工作理念，实现由"管理"向"服务"的转变。必须把师生的关切和利益作为工作的出发点，把师生的需求作为工作动力，把"让师生满意"作为工作好坏的标准，深入基层，不断提高服务水平和工作成效。

构建服务载体。高校服务型党组织建设要围绕"立德树人"的根本目标，围绕高校培养人才这一中心工作，找准服务的切入点和有效载体，以多种形式的活动为载体，不断改进服务方式；以"党员示范岗"为载体，打造面向基层一线的服务窗口；以"网站微博"为载体，打造信息服务平台。同时鼓励广大党员、干部深入社会开展志愿服务，鼓励学生宣传先进、践行社会主义核心价值观。

提高服务能力。健全学习指导机制。努力构建学习型党组织，通过常态学习、网上课堂等方式，加强理论学习，学以致用，抓好思想政治工作。健全党建带团建机制。坚持党建带团建，以团组织的服务能力建设为重点，以服务促进基层组织建设，以服务提升基层组织活力，构建学生党建与大学生思想政治教育一体化的工作格局。健全培训培养机制。健全辅导员发展机制和青年教师助长机制，着力打造一支"政治强、业务精、纪律严、作风正"的思想政治教育队伍。

三、建立完善现代大学制度

（一）建立现代大学制度 推进学校科学发展

第一，以习近平新时代中国特色社会主义思想统领学校改革，建立和完善现代大学制度，激发办学活力。坚持以人为本，充分调动教职工的积极性和创造性。坚持全面协调可持续的原则，统筹谋划学校的体制机制改革和创新，逐步建立和完善现代大学制度。建立党委权力、行政权力、学术权力和教职工参与高校民主管理权力的合作体制。党委是高校的政治和领导核心，掌握方向和战略决策，解决全局性、前瞻性和长远性问题。校长和行政领导班子是学校日常运转的基本操作者，负责教学、科研和其他行政管理的战术性决策。学术委员会在学科建设、教学改革、成果认定等方面享有主要的决定权。充分发挥学术委员会在学科建设、学术评价、学术发展中的重要作用。探索教授治学的有效途径，充分发挥教授在教学、学术研究、学科建设和学校管理中的作用。"'教授治学'的主体是教授，主旨在于以教授为主体行使高校的学术权力，并对高校学术资源进行配置和使用。"[①] 教职工代表大会主要激发教职工在学校民主管理上的主人翁作

---

① 顾海良《完善内部治理结构，建设现代大学制度》，《中国高等教育》，2010年第3期。

用，维护教职工的基本利益。在学校内部逐步建立起以志愿、民主、协商为机制，以学校整体利益和公共利益为载体的权力运行机制。在坚持和完善党委领导下的校长负责制的基础上，探索高校理事会制度和内部治理结构，建立高校自我发展、自我管理、自我激励、自我约束相结合的管理和运行机制。

第二，理顺关系，形成校院二级办学的良性体制机制，调动教学院部的办学积极性。要逐步推行校院部二级教学管理体制，即学校一级的职能主要侧重于宏观指导、调控和服务，院部一级作为学校下属的教学、科研和管理实体，在学校的统一领导下，全面负责本部门的教学、科研等工作，具有一定的人事权、财权、办学自主权及对外交往权。建立这种二级教学管理体制的目的就是要充分发挥学校的综合优势及教职工参与办学的积极性，提高教学管理的效益和办学效益，进一步扩大各院部的办学自主权，打破传统的以学校为中心的教学管理模式，建立以各院部为重心的管理机制。不仅把单位目标分解到二级院部，还要把部分权力划归到二级院部，奖励落实到二级院部，重心转移到二级院部，实现责权利的高度统一。进一步凸显二级院部办学的主体地位，提高二级学院的办学积极性，明确二级院部在诸如津贴分配、学费收缴、科研经费、教学质量、考风考纪、安全稳定等方面的目标责任，建立科学的考核体系，确立奖惩机制，进一步规范管理，提高管理效率和水平。

第三，坚持开放办学，强化服务功能，增强学校在区域教育体系中的战略地位和竞争力。依法治校、民主管理，目的是为了增强办学活力，促进学校全面科学发展，提升学校服务区域经济社会发展的能力和水平。作为地方高校，应该发挥学科专业和人才的综合优势，整合优势资源，积极为推动区域经济社会建设提供智力支撑和人才服务，增强学校在区域教学体系中的竞争力。要发挥学校和二级院部两个积极性，特别要重视和加强研究院（中心）所的职能和作用，加强校地、校企合作，推进科学研究与开放合作，提高学校的办学效益和综合竞争力。

（二）现代大学制度重在落实

建立完善现代大学制度，激发大学办学活力，必须推进六学去行政化。当前中国大学的行政化主要表现在三个方面，即大学机构的级别化、大学学术体系的科层化和大学管理者的官僚化。所谓大学去行政化，也就是去大学机构的级别化、去大学学术体系的科层化和去大学管理者的官僚化。

去大学机构的级别化。大学级别化是大学行政化的要害所在。大学作为一种学术机构，本无行政级别之分，而大学的级别化使大学在制度体制上向行政机构蜕变，进而确保了大学的行政化，结果是大学由一个教育学术机构蜕变为一个官僚机构。因此，大学去行政化首要的就是去大学的行政级别。

去大学学术体系的科层化。大学教学科研体系的本质就是其学术性。大学的学术体系是与科层化天然对立的，它内在地需要学术自由、学术民主和宽松的教学科研环境。当前，中国大学行政管理体系的科层化明显不够规范，导致行政管理的效率低下；不宜科层化的学术体系却科层化和行政化了。例如，给教学科研机构及其人员确定相应的行政级别，就是这方面的典型表现。可见，大学去行政化的主要方向就是去大学学术体系的科层化。

去大学管理者的官僚化。当今中国在级别化和科层化的官僚制度支撑下，官本位盛行、以行政手段管理学术事务、行政管理人员高高在上而脱离实际和群众等，官僚作风、官僚习气和官僚化现象充斥于大学校园。显然，去大学管理者的官僚化是大学去行政化的内在要求。

建立和完善现代大学制度，是大学去行政化的总要求和总路径。去大学外部行政化与去大学内部行政化同步进行的同时，去大学内部的行政化更为关键。取消大学及其管理者的行政级别是大学去行政化的重要前提。行政权力与学术权力的合理分野是大学去行政化的必然要求。

建立现代大学制度，必须不断完善内部治理结构。建立健全人才培养体系。高校要把教学作为教师考核的首要内容，把教授为低年级学生授课作为重要制度。要推进和完善学分制，实行弹性学制，促进文理交融。要健全教学质量保障体系，改进高校教学评估。要加强实验室、校内外实习基地、课程教材等基本建设，支持学生参与科学研究。要强化实践教学环节，加强就业创业教育和就业指导服务。要创立高校与科研院所、行业、企业联合培养人才的新机制。

深化干部人事制度改革。习近平总书记指出，用一贤人则群贤毕至，见贤思齐就蔚然成风。高校要完善干部工作机制，推进干部工作公开，坚持选教职员工信得过、靠得住、用得好的干部。要通过拓宽渠道、依托工程、政策扶持，高起点培育人才；要通过创新机制、建设学科、搭建平台，高质量吸引人才；要发挥人才在教育教学中的主导作用、在科研创新中的领军作用、在服务社会中的带头作用，高效能使用每一位人才。一所大学、一个单位倘若潜规则盛行，必然会小人得志、人心涣散，学校各项事业就难以顺利开展，也不可能有大的作为，严重者甚至会脱离为人民办大学的正确轨道。

推进院系管理体制改革。要加强院系党政领导班子建设，建立和完善党政联席会议制度；关键是要发挥教授委员会在教育教学、科研创新、管理服务、学生工作、师资队伍建设和党建工作等方面的决策咨询作用；保障全体师生员工的知情权、参与权、选择权和监督权。

深化行政管理体制改革。各级领导干部要带头改进作风，一级做给一级看，达到上行下效的效果；要坚决贯彻落实民主集中制和"三重一大"制度，认真执行党委会、校长办公会等重要议事规则；要实施工作绩效考核制度，规范简化行政审批手续，用规章制度规范领导干部的个人行为，把权力关进制度的笼子。时至今日，有的高校形式主义现象依然比较严重。有的单位年复一年，活动很多，新闻很多，但成果很少，精品更少。

建立完善现代大学制度，必须坚持依法办学，推进民主管理，提升服务水平，维护广大师生的根本利益。民主管理是指教职工以主人翁的身份依法积极参与学校的行政管理和学术管理，充分行使各项民主权利，保障和监督学校的各项重大决策的制定和贯彻执行。校院两级管理是推进民主治校战略的重要步骤,其重点之一就是扩大广大教师对学校事务的直接参与权和知情权、监督权。在推进校院两级管理体制改革进程中,更需要进一步加强民主管理制度建设,畅通民主渠道,保障两级管理有序有效运行。在实行二级管理过程中,要充分发挥广大教职员工参政议政作用,充分尊重教职员工的知情权、参与权、表达权和监督权,凡事关本单位改革、发展、建设及涉及教职工切身利益的重大事项都要提交教代会审议,使重大决策有民主的基础。进一步完善好校务公开和院务公开制度,不断拓宽各种有效的民主监督渠道,促进决策水平和工作水平的提高。

2014年中央办公厅印发了《关于坚持和完善普通高等学校党委领导下的校长负责制的实施意见》。这是党中央推进中国特色现代大学制度建设的重要举措,为加强高校党的建设工作、完善高校领导体制和运行机制提供了重要遵循。《实施意见》的贯彻落实,对于新形势下加强和改进党对高校的领导,完善高校内部治理结构,促进高校科学发展,具有十分重要的意义。

党的十三届四中全会以后,党中央确定普通高校全面实行党委领导下的校长负责制。20多年来,这一制度为高校全面贯彻党的教育方针,坚持社会主义办学方向,培养中国特色社会主义事业合格建设者和可靠接班人,促进高校改革发展稳定,提供了坚强组织保证。实践证明,这一制度符合我国国情和高等教育发展规律,是中国特色现代大学制度的核心内容,是党对高校领导的根本制度。当前,高校改革发展任务繁重,进一步强调长期坚持并不断完善这一体制十分必要。

坚持和完善党委领导下的校长负责制,需要坚持高校党委的领导核心地位。如果把高校比作一艘船,那么把好方向的,就是党委。党委总揽学校改革发展稳定的全局,统一领导学校的工作,抓好大事,管好干部,加强党的建设和思想政治工作,尊重和支持校长独立负责地开展工作,力戒包揽行政事务。校长在党委领导下,依法行使职权,积极主动地做好教学、科研和行政管理工作。

坚持和完善党委领导下的校长负责制，需要认真贯彻执行民主集中制。按照"集体领导、民主集中、个别酝酿、会议决定"的原则，学校重大事项应当由党委集体讨论决定。集体领导和个人分工负责相互结合，集体定了的事，领导班子成员应按照分工分头去办，勇于负责。党委和校长的职责也应进一步明确，只有加强党政沟通协调，建立健全党委统一领导、党政分工合作、协调运行的工作机制，发挥教师在教学、学术研究和学校管理中的作用，才能全心全意依靠广大师生员工办好中国特色社会主义大学。

好制度还得硬落实。贯彻落实好这一制度，要靠领导班子成员自觉执行，靠党组织和有关部门认真监督检查。高校党委书记和校长须增强政治意识、大局意识，相互理解，相互配合；领导班子成员须加强团结，相互支持，形成合力。上级党委和有关部门要加强检查和指导，及时研究解决高校贯彻执行这一制度中出现的问题，不断提高贯彻执行党委领导下的校长负责制的水平。

建立和完善现代大学制度，不只是学校内部的事，政府、社会与学校要形成合力与默契。不顾高校实际，盲目撤转合并，改变了学校正常的发展轨迹，政府有之；后任否定前任，一台班子搞一个规划，长官意志、主观随意，学校有之。难怪有人说，计划不如变化快，五年规划成"鬼话"。

（三）践行党的群众路线，推进大学治理科学化

群众观点是马克思主义唯物史观的一个基本观点，也是马克思主义政治观的一个最重要的观点。坚持马克思主义群众观，是由我们党的性质和国家政权的性质决定的。人民群众是物质财富的创造者，人民群众的生产活动是整个社会全部活动的前提和基础，以不同形式从事和促进生产实践活动的人民群众，必然会对社会的发展起决定性作用；人民群众是精神财富的创造者，任何真正有价值的精神财富，都是对人民群众所从事的实践活动的概括和总结；人民群众是社会变革的决定力量，他们推动着社会制

度的变革和根本变革。刘少奇指出："一切为了人民群众的观点，一切向人民群众负责的观点，相信群众自己解放自己的观点，向人民群众学习的观点，这一切，就是我们的群众观点，就是人民群众的先进部队对人民群众的观点。"① 他的这一重要论述，阐明了党的群众观点的内容。

党的群众路线是中国共产党处理自己和群众关系问题的根本态度和领导方法。它包括相互联系的两个方面：一是党的政治路线和组织路线，即"一切为了群众，一切依靠群众"；二是根本的领导方法和工作方法，即"从群众中来，到群众中去"。党的七大会议上，刘少奇在《关于修改党章的报告》中指出："不但我们党的政治路线，而且我们党的组织路线，都应该是正确地从群众中来的路线……所谓正确的组织路线，就是党的群众路线，就是我们党的领导骨干和党内外广大群众密切结合的路线，就是从群众中来到群众中去的路线，就是指导方法上的一般号召与个别指导相结合的路线。""党在自己的工作中实行群众路线，一切为了群众，一切依靠群众，从群众中来，到群众中去，把党的正确主张变为群众的自觉行动。"②

早在革命战争年代，毛泽东就指出，我们的共产党和共产党所领导的八路军、新四军是革命的队伍，我们这个队伍完全是为着人民的，为人民的利益而工作的。也正因为如此，在战争时期才形成了党和人民群众的鱼水深情。毛泽东把马克思的思想与中国实际相结合，把全心全意为人民服务作为党的唯一宗旨。他说："全心全意地为人民服务，一刻也不脱离群众，一切从人民的利益出发而不是从个人或小集团的利益出发；向人民负责和向党的领导机关负责的一致性：这些就是我们的出发点。"③ 邓小平继承并发展了毛泽东的思想，指出，共产党员的含意，就是两句话："全心全意为人民服务，一切以人民利益作为每个党员的最高标准。"他还把人

---

① 人民网，http://qzix.people.com.cn/n/2013/0530/c364582-21679031.html.2013年5月30日。
② 《中国共产党章程》，人民出版社2017年版，第20页。
③ 《毛泽东选集》第2版第3卷，第1094-1095页。

民利益标准具体化为"人民拥护不拥护，人民高兴不高兴，人民赞成不赞成，人民答应不答应"。江泽民提出并系统阐述了"三个代表"重要思想，他强调："全党同志要始终坚持一切为了群众、一切依靠群众的根本观点，坚持党的群众路线，深入群众，深入基层，倾听群众呼声，反映群众意愿，集中群众智慧，使各项决策和工作符合实际和群众要求。"① 胡锦涛指出："相信谁、依靠谁、为了谁，是否始终站在最广大人民的立场上，是区分唯物史观和唯心史观的分水岭，也是判断马克思主义政党的试金石。"②

习近平指出："崇高信仰始终是我们党的强大精神支柱，人民群众始终是我们党的坚实执政基础。只要我们永不动摇信仰、永不脱离群众，我们就能无往而不胜。"③ 党的领导干部必须运用人民赋予的权力，做到信念坚定，为民服务，勤政务实，敢于担当，清正廉洁，切实为群众谋利益。

下水上山问渔樵，欲知民意听民谣。依靠群众，就必须将群众的觉悟程度和心理承受能力作为制定各项决策的重要依据。决策者闭目塞听、主观武断，完全不考虑群众的思想和感受，势必导致官僚主义；倘若蜻蜓点水、偏听偏信，势必导致形式主义；只有深入基层、联系群众，不仅了解人们的普通心理，而且把握人们潜隐的意见和感受，才是彻底的唯物主义。忽视群众的心理感受而盲目决策，就如将大厦建在沙滩上一样。基础不牢，地动山摇。全面准确地把握群众心理，是制定决策的重要客观依据。

知屋漏者在宇下，知政失者在草野。列宁强调，领导群众的一条重要经验，就是要能够在任何时候、任何问题上正确地判断群众的情绪、愿望、想法和要求，能够不带半点臆测地确定群众的觉悟程度，能够用同志式的态度对待群众、关心群众，满足群众的合理要求，从而赢得群众的无限信任。所以，政治要发展，决策要创新，就必须认真倾听群众的呼声，

---

① 江泽民《在庆祝中国共产党成立80周年大会上的讲话》，《光明日报》，2001年7月2日。
② 《十六大以来重要文献选编》，中央文献出版社2005年版，第369页。
③ 习近平《全面贯彻落实党的十八大精神要突出抓好六个方面工作》，《求是》杂志2013年第1期，第7页。

及时捕捉潜隐的社会信息，发现新情况，开拓新思路，解决新问题。

转变作风、服务师生，推动发展，必须紧密结合高校工作实际，紧紧围绕"为民、务实、清廉"这一主题，真正解决好"我是谁""依靠谁""为了谁"的问题。

第一，遵循高校办学规律，始终坚持党的群众路线。

学校各级党组织要加强马克思主义群众观点和党的群众路线教育，使广大党员干部，特别是各级领导班子成员、思想政治教育工作者充分认识群众路线是党的生命线和根本工作路线，强化一切为了师生、一切依靠师生、从师生中来、到师生中去的群众观点，引导广大党员干部牢固树立全心全意为师生服务的宗旨意识。

学校各单位各部门，特别是综合职能部门在建设行政服务文化、制定政策文件、落实上级精神时，要始终站在广大师生的立场去谋划、去部署、去推动，要充分发挥广大师生在人才培养、科学研究、社会服务、文化传承创新中的主体作用，充分调动他们开展工作的积极性、主动性和创造性。

高校是高级知识分子最为集中、思想最为活跃的地方。广大党员干部要放下架子、扑下身子，以师生为师，向师生学习，真心实意地当师生的学生，切实做到关心师生疾苦、尊重师生意愿、深怀师生感情，真正实现问政于师生、问计于师生、问需于师生。

第二，尊重师生主体地位，全面激发师生创造活力。

要把教职员工放在心中最高位置。教育大计，教师为本。广大教师和教育工作者是推动教育事业科学发展的生力军。要从激发教职员工的创造活力出发，一手抓硬环境建设，创造更好的工作和生活条件；一手抓软环境建设，创造百家争鸣、百花齐放的学术环境，培育和弘扬大学精神，把"学校搭台、教师唱戏"的这篇文章写实、写好、写出成效。

要把广大学生放在心中最高位置。要经常深入课堂宿舍，走进学生的学习生活，与学生交心谈心，做学生的知心朋友，了解学生的思想动态，准确把握广大学生的性格特点，对学生进行正确引导，缓解和消除学生在学习、生活、就业、情感等方面的压力和困惑，把各种思想问题解决在萌芽状态。要根据学生的差异性，采取不同的辅导措施，切实改进授课方式、丰富教学内容，不断激发学生学习的内生动力。

要把广大群众放在心中最高位置。高校的职能决定了其具有开放性、社会性和公益性等特点。这就要求高校要把人民群众的需求摸清楚，更好地服务于国家经济社会发展大局。对于地方高校来说，就要从区域工作大局出发，主动融入服务区域经济社会发展的主战场，努力践行为区域经济社会服务的办学宗旨。

第三，践行党的群众路线，建设一支勤政务实敢于担当的干部队伍。

广大党员干部要充分认识在高校坚持党的群众路线的特点，对师生的意见和建议"真听、真信、真做"，把为师生做事作为自己的责任和义务。要按照习近平总书记讲的，做到"谋划发展思路向人民群众问计，查找发展中的问题听人民群众意见，改进发展措施向人民群众请教，落实发展任务靠人民群众努力，衡量发展成效由人民群众评判"，善于研究和把握群众工作的特点和规律，不断改进和创新工作方式和领导方法，提高工作的针对性和实效性，提高做好新时期群众工作的能力。

四、"三全育人"如何落实

（一）办学当以学生为本

办大学要以学生为本，学校的一切工作都是为了学生。《国家中长期教育改革和发展规划纲要（2010-2020年）》提出，育人为本是教育的生命和灵魂，是教育的本质要求和价值诉求。"育人为本、德育为先"是实施教育的主导思想。教育科学发展的本质要求，把育人为本作为教育工作的根本要求。人力资源是我国经济社会发展的第一资源，教育是开发人力资源的主要途径。要以学生为主体，以教师为主导，充分发挥学生的主动性，把促进学生健康成长作为学校一切工作的出发点和落脚点。关心每个学生，促进每个学生主动地、生动活泼地发展，尊重教育规律和学生身心发展规律，为每个学生提供适合的教育。努力培养造就数以亿计的高素质劳动者、数以千万计的专门人才和一大批拔尖创新人才。

育人为本的教育思想，要求教育不仅要关注人的当前发展，还要关注人的长远发展，更要关注人的全面发展；不仅要关注被育之人、育人之人，还要关注所服务之对象——国家和人民，为国家服务、为人民服务，不断满足国家和人民群众的需要。

第一，坚持学生为本，全面实施素质教育。

这是教育改革和发展的战略主题，是贯彻党的教育方针的时代要求，其核心是解决好培养什么人、怎样培养人的重大问题，重点是面向全体学生、促进学生全面发展，着力提高学生服务国家服务人民的社会责任感、勇于探索的创新精神和善于解决问题的实践能力。坚持以人为本，在教育工作中的重要着眼点是全面提高国民素质。这就需要全面实施素质教育。

第二，坚持学生的全面进步和发展为本。

人的发展既包括人自身的发展，也包括社会为人的发展所提供的条件。育人为本教育思想的实质，就是坚持以人的全面进步和发展为本，把人作为社会主体和中心，在社会发展中以满足人的需要、提高人的能力、提升人的品质、实现人的全面发展为终极目标；就是重视人本身的发展，将个体的全面发展与个性发展统一起来，将个体的人文精神与科学精神的养成统一起来，使之能够在复杂多元、快速多变的社会环境中正确进行知识选择和创新。

第三，满足每个学生接受教育的个性需要和期望。

教育的最高境界是满足每个人的个性需要和他们的期望。1994年，联合国教科文组织通过的《萨拉曼卡宣言》首次提出了全纳教育的概念。全纳教育作为一种教育思潮，它容纳所有学生，反对歧视排斥，促进积极参与，注重集体合作，满足不同需求，也就是为每个人提供一个有效的教育机会，同时符合每个学生或学习者不同的需求，也就是要让每个人获得他所需求的有效的学习机会。育人为本教育思想要求教育既要了解社会和文化的多样性，也要了解到每个人、每个学生都有着不同的个性，使教育能够满足每一个学生的需求和他们的期望。一个人的特长、绝技常常使他成为专家，他的水平是由长板决定的，这叫长板原理。尊重个性、培养特长，才能使人人成才出彩。

（二）教书育人是教师的天职

深化综合改革，实施素质教育，必须以学生为主体，以教师为主导。教书育人是教师的天职。大学教师要增强使命感，加强自我修养，钻研提高业务，热爱三尺讲台，关心爱护学生，培育栋梁之材。要做到爱岗敬业、立心永恒、心无旁骛，经得住官场和市场的诱惑，献身伟大的高等教育事业。有的教师违背国家政策法规和学校人事制度，身在曹营心在汉，当着教师把公司办，一心只顾把钱赚，误人子弟真遗憾。

要克服教学科研两张皮、专业建设与学科建设两条腿的现象，突出教学中心地位。地方本科高校要理顺体制机制，采取激励措施，引导广大教师在搞好科研的同时，更加重视及时把科研成果转化为教学资源，转化为学生的能力和素质。学校和二级院系要统筹专业建设和学科建设，促进两个队伍的整合，把教学科研优势形成人才培养优势。

注重教学相长。让学生参与科研，提升创新创业能力；让学生参与教学，实施反转课堂，提高求知和表达能力。教是为了不教。要提高教育教学的创新性艺术性，充分调动学生的主动性积极性，激发教学活力，提高教学效果。

（三）管理服务要提高质量

学校的管理工作要积极为师生服务，及时应对师生诉求，不断提高管理水平、改进服务质量。我在某大学（筹）任职期间，曾负责一个二级学院的自考助学工作，当时和学院的几位老师勤恳敬业、认真负责，甚至有位老师误把夜里两点二十当作五点二十，喊学生上早操。可是，当我们到另一个学院参观交流时，却发现他们并没有把精力用在辅导学生学习上，而是忙于歌咏比赛、征文比赛之类活动。我向当时的学校负责人汇报并建议要重视教学工作。该负责人说，王老师不用怕，自学考试很简单，学生考前背一背就能过关。结果考试成绩出来后，我们学院通过率90%多，而另一个学院只有20%多。学校负责人一看大批学生不能按时获得证书毕业，便把多科考试没通过的学生清退，结果引起学生的不满，产生很大负面影响。

20世纪80年代中期，我在陕西师范大学读研究生。记得一天晚饭后去上自习，转了半天没找到一个座位，就连白天研究生上课的专用教室都被占满了。我很郁闷，在走回宿舍的路上，正好经过学校的办公楼，发现楼前挂着一个"校长信箱"，就顺手从笔记本上撕下一张纸，写上"请给研究生一席之地"几个字，然后投入信箱。不想第二天晚上，学校就开设了一个"研究生专用自习教室"。我对学校这种重视学生意见并迅速应对的做法深受感动。

五、后勤工作不能老是当"被告"

（一）兵马未动粮草先行

运营良好的后勤工作是办好一流大学的基本保障。为广大师生员工提供优质的工作环境和学习条件，后勤工作不但不能"滞后"，反而需要"前置"。一所大学，教师常常为多媒体教室使用发愁、学生天天为饭菜质量赌气，很难保证有很高的教育质量，更谈不上建设一流大学。在学校综合改革和一流大学建设中，后勤工作要早谋划、重前瞻、高质量、重效益。

改革开放40年，经济社会大发展，我们已不再是"西南联大"的时代，对地方本科高校的经费投入，省市政府责无旁贷。近年来，地方本科高校的发展也是旱涝不均、经费不足。地方本科高校要通盘考虑、精打细算，用好每一分钱，把好钢用在刀刃上，杜绝各种形象工程，杜绝各种铺张浪费，全面提高办学效益。要加快推进教学设施现代化和校园信息化建设，加大基础设施维修改造力度，切实提升后勤服务保障水平，为全面深化改革、提升办学质量保驾护航。

（二）后勤社会化改革的实践探索

大学后勤社会化绝乃大势所趋，可以避免大学办社会的负面效果。但后勤社会化绝不是一包了之。大学不是经济实体，后勤工作要坚持社会效益与经济效益的统一，要把社会效益放在首位。要把省钱高效服务好、师生满意作为衡量学校后勤工作改革成效的标准。充分利用各级各类优惠政策，降低运营成本，完善工作机制，提高服务质量，为师生员工提供优质服务。

要理顺关系、明确职责、完善机制，避免职责不清、人浮于事，拿钱的不干事，干事的不挣钱。要严格竞标程序，完善监督机制，防止"大楼盖起来，干部倒下去"，确保后勤工作安全平稳高效运行。

（三）变被动诉求为主动服务

后勤工作头绪多面积广，坐在办公室里接电话，有求必应、有事即办，固然是一种常规模式。但更应当提供主动服务、积极应对。要心中有数，所面对的服务对象有哪些需要早做谋划，有哪些可能随时修正，可以提前调研检查，变被动为主动，不要消极应对。要形成完善的反馈机制，信息畅通、效率优良、服务到位、师生满意。

后勤工作无小事。课正上着断电了，实验正做着水管裂了，车正开着进不了校门了，电梯正坐着突然不动了……这些现象看似小事，其实影响了正常的教学科研工作秩序，看似临时性突发事件，其实是日常维护工作不到位。

六、倡导和谐思维 构建和谐校园

（一）和谐思维是一种建设性思维

和谐思维以和谐为基本原则和价值取向，是唯物辩证的思维。它既承认矛盾、重视矛盾的斗争性，又重视矛盾的同一性，重视多赢共生、共同发展，促进矛盾向积极方面转化。和谐思维具有共生性、辩证性、系统性等特征。

共生性是指矛盾双方具有同一性，强调增强建设性，通过合作互助，实现对立面双赢。这一特征为对立面的结合开辟了新模式：不是一方吃掉一方，而是追求整合、双赢。由于认识的局限性，我们过去把对立面的关系理解得过于狭隘，只看到它们之间的对立和斗争，几乎无视它们有互助和协作的一面。其实，对立的双方有相互一致的共同方面，可以相互结合，迸发出比对立面斗争更大的力量和作用。

辩证性是指和谐思维不是无矛盾的思维。追求和谐，绝不是回避矛盾，不承认差异和矛盾。恰恰相反，追求和谐，正是以承认差异和矛盾为前提的。因为没有差异和矛盾，也就没有和谐与不和谐的问题。我国古代哲学讲"和实生物，同则不继"，认为宇宙万物的存在和发展靠的是"和而不同"，即多样性的和谐统一，只有多样性的平衡才能"和实生物"。这种多样性平衡的和谐思维方式，对于我们处理诸多矛盾和问题具有重要意义。

系统性是指任何事物都是作为系统而存在的，强调从整体和全局出发思考问题、做出决策。经济社会发展是一项复杂的系统工程，涉及方方面面、前前后后诸多因素，必须运用系统思维妥善驾驭。

（二）坚持以人为本，践行和谐思维

养成和践行和谐思维，推进和谐校园建设，是全体教职工的责任，需要大家共同努力。对高校而言，践行和谐思维，就是要树立一切为了学生的理念，办好人民满意的教育。践行和谐思维，一个很重要的方面就是构

建和谐的师生关系，尊重学生的主体地位，发挥学生学习的主动性和积极性。同时还要建立良好的干群关系，保护教职工的首创精神，保障教职工各项权益，实现学校与教职工共建共享。坚持依法治校，遵守各项法律法规。建立健全职代会制度，发挥好工会组织的职能作用，积极支持工会围绕劳动关系的建立、运行、监督和调处等环节，健全科学有效的利益协调机制、诉求表达机制、矛盾调处机制、权益保障机制，促进形成规范有序、公正合理、互利共赢、和谐稳定的干群关系、师生关系，使广大教职工各尽其能、各得其所、和谐相处、共谋发展。

对领导干部而言，践行和谐思维，就是要坚持全心全意为人民服务的根本宗旨，着力解决好人们最关心、最直接、最现实的利益问题，努力实现好、维护好、发展好最广大人民的根本利益。解决人民内部矛盾和问题，必须确立以人为本的和谐思维方式。代表最广大人民的根本利益，一切为了人民、一切依靠人民，是我们须臾不能忘记的基本原则。和谐思维就是要包容各种利益群体，公平对待各个社会阶层，容纳各种社会诉求，融洽各种社会关系，化解各种社会冲突，其核心价值是坚持以人为本，实现好维护好广大教职工的根本利益，创新体制机制，完善大学制度，促进学校各项事业健康发展。这是和谐思维的本质特征，是新时期群众观点在发展思维方式中的体现。

对教职工而言，践行和谐思维，就是要立足本职岗位做好自身工作，在社会交往中增强包容、学会宽容。应把追求自身和谐、人与人和谐、人与社会和谐、人与自然和谐作为想问题、办事情的着眼点、出发点和落脚点，求同存异，努力做到增进理解、化解分歧，实现团结和稳定；以平和的心态和真诚友善的态度行事、处事、律己、待人，以宽容、理性的态度看待社会现象和处理各种问题，对待矛盾坚持理性、融通、达观，自觉地求和而不是偏执、极端；正确对待自己、他人和社会，正确对待困难、挫折和荣誉，塑造自尊自信、理性平和、积极向上的健康心态。

（三）谁动了那根羽毛？把握好和谐校园建设的"和谐点"

社会主义和谐社会是在党的领导下全体人民"共同建设、共同享有"的社会。中共中央十六届六中全会的《决定》中强调，要"广泛开展和谐创建活动，形成人人促进和谐的局面"。大力开展以和谐社区、和谐村镇、和谐单位、和谐家庭为主要内容的和谐创建活动，是建设社会主义和谐文化的重要载体。开展和谐创建活动，需要把握好"和谐点"，以提高创建工作的科学性和艺术性。

矛盾是斗争性与同一性的有机统一体。在矛盾的对立两极之间，往往存在着亦此亦彼的中间环节，对立双方依据这一中间环节而相互联结、过渡、转化和融合。注意把握这些中间环节，对于促使矛盾的转化和融合往往起着至关重要的作用。这些中间环节也就成为解决矛盾和问题的"和谐点"。现阶段，我国的社会矛盾大量地和主要地表现为非对抗性的人民内部矛盾，解决这类矛盾就必须本着"和而不同""求同存异"的精神，善于寻找和把握不同利益群体之间的共同点、合作点、协和点，从而化解冲突、凝聚力量、共创和谐。

事物往往作为系统而存在，一个动态平衡的系统应该是开放、协调、有序的，系统内部各组成部分和要素之间既存在差异，又相对平衡，彼此之间保持一种必要的张力。在这里，系统内部的"和谐点"又是各差异要素之间的平衡点、和合点。在一个单位内部，或单位与单位之间，必然存在着复杂的利益关系，这就需要找准人们利益的平衡点或交叉点，以维护社会的公平和正义，保障社会的稳定与和谐。

我们党提出要建设的和谐社会，是全体人民各尽其能、各得其所而又和谐相处的社会。在和谐创建活动中，要注意把握调动人民群众积极性的"阿基米德点"，充分发掘社会活力，发挥和谐创建活动的杠杆作用，以求达到事半功倍的效果。这个"阿基米德点"在不同单位和行业会有不同的表现和特点，有的是解决问题的切入点，有的是矛盾转化的关键点，有的是质量转化的关接点，有的是合作双赢的结合点。具体情况具体分析，是马克思主义活的灵魂。学校各部门要结合实际情况，寻找和构建符合自身实际的"和谐点"，形成和谐的家庭邻里关系、服务合作关系、社会人际关系、人与自然关系。

还要深入排查和着力消除经济社会发展中的"不和谐点"，解决广大师生关心的热点难点问题，不断增加和谐因素，切实提高群众的满意度，增强群众的幸福感。每一个师生员工也要把握好自身心理的平衡点、和谐点，形成自尊自信、理性平和、积极向上的良好心态，为和谐创建活动尽心尽力，做出自己应有的贡献。电视上曾有一种平衡术的表演，在一个支架上搭建了许多竹片，最后却用一根羽毛来保持整体的平衡，一旦拿走这根羽毛，则整个体系突然崩溃。这根羽毛就是这个体系的平衡点，掌握好这个平衡点需要很好的定力和高超的艺术。

适应构建社会主义和谐社会的要求，必须转变传统的对立两极思维模式，树立系统观点和大局观念，善于运用和谐思维，深入推动各项和谐创建活动。当然，和谐是动态的，"和谐点"也不是一成不变的。随着事情的发展深化和矛盾地位的转化，旧的"和谐点"会被新的"和谐点"取代，初级形态的"和谐点"也会让位给较高形态的"和谐点"，所以在和谐创建活动中，必须依据矛盾转化和事情发展的具体情况，适时地把握"和谐点"的变化，才能把和谐创建活动不断引向深入，进一步推动和谐校园建设。

在推进和谐大学建设进程中，有些领导、专家提供了建设性的经验和做法。田建国认为，和谐大学有以下特点：更加注重教育的人文性。树立教育的生命性、未来性、社会性价值，坚持人性化架构，人文化建设、人格化塑造，培养人格健全、具有文化素养的生命个体。更加注重教育的协调性。强调教育主体的积极性，加强教育要素的内在联系和有效整合，实现教育与经济社会发展的协调。更加注重教育的持续性。既要考虑当前发展的需要，又要考虑未来发展的需要，充分考虑人口承载能力、资源支撑力和社会承受力。更加注重教育的多样性。强调教育体制多样化，教育类型多样化，办学模式多样化，投资主体多样化，满足人民多样化的教育需求。在和谐大学这个办学目标下，使一切积极因素充分地调动，一切力量充分地凝聚，一切要素的活力竞相迸发，一切创造知识的源泉充分涌流。①

刘向信提出，我们构建的"和谐校园"，是指文明向上、竞争创新、协调有序、体恤包容、法治稳定的校园。其内容可概括为"三宽""三公""三善""六和"。"三宽"是指营造"宽松、宽容、宽厚"的环境，激活学校的创造力。"三公"是指坚持"公开、公平、公正"的原则，加强学校的民主政治建设。"三善"是指要倡导"树善良之心、成善良之事、做善良之人"的风气。"六和"是指要营造"心平气和、家庭祥和、亲爱友和、政通人和、天感地和、内谐外和"的氛围。他说，"和"是一种哲学，"和"是一种道德，"和"是一种修养，"和"是一种艺术，"和"是一种境界。②

_____

① 田建国《现代大学新理念》，泰山出版社2005年版，第258–259页。
② 刘向信《行思录》，明天出版社2007年版，第139–141页。

第九章　人才队伍 立校之本

一、人才是第一资源

（一）有人就有天下

习近平总书记在党的十九大报告中提出，人才是实现发展民族振兴、赢得国际竞争主动的战略资源。要坚持党管人才原则，聚天下英才而用之，加快建设人才强国。[①] 推进综合改革，提升教育质量，建设现代化大学，需要高水平人才队伍做支撑。办好一流大学，需要一流师资队伍和一流管理服务人才。换言之，引进用好一流人才就是一流大学。没有人才，再好的建设方案也只能是一纸空文。人才资源是第一资源。

中国科学院院士葛均波教授在接受青岛大学有关同志采访时说，刘邦曾经说过，有人就有天下。知人善用，人尽其才，网罗天下人才成就了刘邦的帝王伟业。周朝时期，正是有了姜子牙的辅佐，才有了长达800年的江山屹立不倒。一部三国历史，就是人才争夺的斗争史，刘备底下的五虎战将，曹操身边的各类人才，都说明了这点，人才的走向直接决定了三国态势的变化。

人才对于大学尤为重要。没有一流的人才，很难建设成为一流的大学。大学怎么吸引人才？葛均波院士认为，一是要给予人才真正的关心。对真正的人才来说，报酬不是主要的，重要的是自己未来成长和发

---

① 习近平《决胜全面建成小康社会 夺取新时代中国特色社会主义伟大胜利——在中国共产党第十九次全国代表大会上的报告（2017年10月18日）》，人民出版社2017年版第64页。

展的方向。学校要建立不同层次的人才计划，让他们看到希望，引领他们发展，引导各类人才不断成长，支持青年学者脱颖而出。通过人才计划的引领，有跟踪，有考核，有动力，就能够激发起各类人才自我发展的内在动力。二是要引进真正的人才。随着国家"双一流"战略的推进，全国高校的人才大战全面拉开。在这种情况下，一定要具备辨别力、洞察力和战略眼光，要引进真正有水平的人才。谨慎对待兼职教授、客座教授等人才的使用。三是要营造良好的人才发展氛围。引进人才关键是给他们创造好的发展环境，认定了就要大胆放心地使用，设定目标，定期考察即可，不要仅仅局限在某一项指标上。还要适当建立容错机制，允许在一定范围内有科学研究上的错误，对待科学家，要多一分耐心，多一份自由探索的净土，构建良好的学科发展氛围。①

（二）分类管理与分类评价

截至2017年6月，我国共有普通高校2631所（含独立学院），专任教师队伍153.45万人，大学已经发展成为一个多目标、多任务的大型组织。在大学的发展中，教师是核心力量，教师的管理也一直是我国教育改革的重中之重。人才是第一资源。在新一轮高校人事制度改革中，需要用人力资源理念取代传统的人事管理理念，重新认识高校教师队伍建设，规划教师队伍布局，改革人事管理制度和薪酬制度，建设适应现代大学组织的新型教师群体。

变职称管理为岗位管理。这一过程是"一个从对'人'的管理转向对'事'的管理的过程，是教师个人地位逻辑向组织绩效逻辑转型的过程。以岗位为核心开展高校教师职务管理实践，本质上是为了提高组织效率。因此，高校教师岗位管理在提高组织效率的过程中，应充分体现高校教师管理的特殊性，遵循学术发展的内在逻辑，建立岗、责、利相统一的运行机制，促进学术进步与发展"②。

① 《天南地北青大人》第五期第26页，2017年1月出刊。
② 李志峰《从学衔到岗位：高校职务管理的内在逻辑》，《教育研究》，2013年第5期。

岗位设置科学合理，岗位责任事权明确，避免盲目任性。一所大学的岗位设置从大的方面分为管理类、专业技术业和工勤类。专业技术又包括教学类、教学科研类、科研类和教辅类。各二级院系（部）和单位要依据相应职责，明确岗位职数，定岗定编定责，杜绝人浮于事，业务忙的地方整天排队，没有业务含量的地方"闲人济济"无所事事，或者制造一些形式主义的东西给教学科研一线添堵添乱。

用人者用其所长，人才评价也要有的放矢。用一个标准衡量所有岗位人才，搞一刀切，简单机械，职责不分，失去了考核评价的本真和意义，既不能调动教职工的积极性，也无益于增强办学活力。要让每一位教职工明确自己应该干什么、能够干什么，真正为教育工作做了什么，就是明确本职、尽职尽责、发挥特长。

中共中央《关于深化人才发展体制机制改革的意见》提出，改进人才评价考核方式。发挥政府、市场、专业组织、用人单位等多元评价主体作用，加快建立科学化、社会化、市场化的人才评价制度。基础研究人才以同行学术评价为主，应用研究和技术开发人才突出市场评价，哲学社会科学人才强调社会评价。地方本科高校应以上述意见为指针，结合自身实际，通过深入调研，制定出行之有效的人才评价方案。

二、师资队伍重在建设

（一）教师大计，师德为本

教育大计，教师为本。教师大计，师德为本。打铁必须自身硬。唐代韩愈写道："师者，所以传道、授业、解惑也。"说的就是我们教师教育学生的第一目的是"传道"，即教授做人的道理，第二才是知识技能的传授。习近平总书记指出："加强师德师风建设，培养高素质教师队伍，倡导全社会尊师重教。"①

---

① 习近平《决胜全面建成小康社会 夺取新时代中国特色社会主义伟大胜利——在中国共产党第十九次全国代表大会上的报告（2017年10月18日）》，人民出版社2017年版第46页。

北京师范大学教授林崇德在其《师德——教师大计、师德为本》中，提出的师德观是："师业""师爱""师能""师风"。[①]

能否培养出国家需要的优秀人才，这是衡量教师素质的重要标准。所以师德观的第一项内涵就是"师业"。师德的实质就是对教育事业的认同、情感和行动。具体来说，即敬业意识、乐群意识、职业规范意识和勤业意识，也就是爱岗敬业。

没有爱就没有教育，"师爱"就是师德的魂中之魂。关爱学生是师德的核心。高校教师要做中国特色社会主义的坚定信仰者和忠实实践者，要树立正确的世界观、人生观和价值观。要心怀祖国、心系学生、心向学生，关爱每一个学生的成长成才。

师德的第三个表现是"师能"。"师能"是教师的"业务能力"。它是教师顺利完成任务的知、识、才的保障。人们常说的"一桶水和一杯水"的关系，很形象地概括了教师业务水平与学生知识水平之间的关系。

"师风"，即教师如何为人师表，是师德观的第四个重要内容。北京师范大学的校训"学为人师，行为世范"，点出了为人师表的真谛。而"师风"的内涵，究其本质可以概括为十六个字：爱国守法、团结协作、终身学习、廉洁从教。

（二）构建青年教师教学能力培育机制

近几年，我国高校师资结构发生了重大变化，青年教师逐渐成为大学教师的主体。教育部最新统计数据显示：全国普通高校35岁以下青年教师人数为64.6万，所占比例为45%；40岁以下的教师人数为88.4万，所占比例高达62%。因此，提升青年教师教学能力，不仅是高校全面提高人才培养质量的根本保证，也是青年教师实现自我发展的努力方向。但目前，我国高校现有的教学机制和教师评价制度存在着"五重五轻"的制度困境，不利于青年教师教学能力的提升。

---

① 林崇德《师德——教师大计、师德为本》，高等教育出版社2014年版。

一是重引进、轻培育。各高校在教师引进上投入巨大成本，引进对象青睐于院士、长江学者等高水平领军人才，缺乏对有潜质青年教师的关注，在阶段性、个性化的培育方面缺乏相应的制度保障。

二是重学历、轻能力。在教师引进方面，国内外名牌大学的博士学位成为必备条件，至于实际水平和教学实践能力的高低及专业方向是否切合大学自身的发展模式却不太关注。

三是重形式、轻内容。在教师培养方面，重点着眼于教师整体学历、学位的提升，培训类型、内容较为单一，学术休假、访问学者、高级研修班等高层次的培训类型尚缺少制度性的规划与安排，培训内容尚未体现不同类型学校、不同学科、不同层次教师的实际需要和差异性。

四是重科研、轻教学。教师评价制度的科研化倾向，使得科研成果和申报课题的层次成为评价教师的重要指标，而课堂教学质量、课外辅导、指导学生实践等内容则成为评价的空白点。

五是重数量、轻质量。现行教师评价制度过于注重论文数量、科研经费金额和培养研究生数目，质量往往被忽视。同时，在岗位聘任、酬金计算、职称晋升等方面对教师教学工作只有"量"的要求，却没有"质"的评价。

"五重五轻"使得部分青年教师对立德树人、教书育人的理想信念产生偏差，一定程度上阻碍了青年教师提升教学能力的主动性和积极性。因此，要充分考虑青年教师在教学、专业、个人、团队等方面的多维发展，关注教师的内在需求。为此，应在以下几方面下功夫。

充分发挥教学名师"传帮带"作用。积极整合名师资源，以学校现有的各级教学名师为主要依托，重点组建若干以教学名师为核心、具有重要示范作用的教学团队，通过开设教学专题讲座、精彩一课、研究性教学示范课等，切实发挥教学名师的引领、示范和辐射作用。

构建集教、习、研于一体的学术共同体和教师发展机构。积极建立"教师发展中心""教学研究中心""教师学习共同体"和以学科专业为主导的教研室等机构，为广大教师跨学科、跨院系、跨学校的学术研究交流提供平台，积极培育重视教学、研究教学的学术文化。

举办内容丰富、形式多样的教学能力提升活动。有针对性地开展教学研讨会、经验交流会和教学竞赛，通过学术沙龙、教学研修坊等工作项目，引导青年教师加强交流与合作。同时，建设多层面、多类别教学研究项目，鼓励青年教师通过教学研究、教学研讨和集体备课等方式提升教学能力。

积极营造尊师重教的舆论氛围。强化教师教学质量意识，充分调动教师投入课堂教学的积极性、主动性和创造性。通过建立教学荣誉机制和设立本科教学激励奖，利用校报、宣传栏、广播、网络等媒体宣传优秀教师立德树人、教书育人的先进事迹，形成尊师重教的浓郁氛围。

完善教师的评价体系。努力将教学学术和专业学术共同融入评价框架之内，明确规定教学学术评价内容，增加教师职称晋升评审中教学学术评价权重，使教师在教学研究、教学水平、教学投入、教学成效及科研等方面获得全面评价，激发青年教师自我发展和自我提升的内在动力。[①]

三、管理服务提升素质

（一）完善教师聘任制度

时至今日，高校教师依然被视为稳定的就业选择，时间自由、"铁饭碗"都是社会公众眼中这份职业的普遍优点。但随着高校人事制度改革的推进，这些优点被逐渐打破。

清华大学校长邱勇强调："把人事制度改革作为学校综合改革的突破口，就是要率先迈出学校综合改革中最困难也最关键的这一步。一流的师资是世界一流大学最关键的要素，清华只有突破制约教师队伍发展的主要矛盾和瓶颈问题，才有可能全面推动教育教学、学科建设、科研管理、资源配置、行政管理等各项改革。"

谁来决定教师去留？"对于绝大多数已有事业单位编制的高校教师来

---

① 参见樊小杰《构建青年教师教学能力培育机制》，《光明日报》2014年12月2日。

说，目前的聘任实际上是工作任务（教学、科研等方面的要求）的聘任。"
厦门大学高等教育发展研究中心主任、教育研究院副院长别敦荣说。与之
相对应的人事改革制度是目前已在部分高校实行的"非升即走"制度。

近年来，一些高校在岗位分类、人才延揽、培养培训、考核评价、薪
酬激励、流动退出等方面大胆探索，积累了一些经验和做法。

浙江大学	设置五类岗位，实现教师职业多通道发展。按照任务需要设置五类教师岗位（教学科研并重类、研究为主类、教学为主类、应用推广类和其他类），根据岗位特点实施相应考核评价体系和分配制度，健全教师职业发展通道。
南京大学	设置专职科研系列岗位。设首席研究员、研究员、副研究员、助理研究员和研究助理等五类岗位，聘任对象的主要职责是承担基础研究和工程应用研究的申请、研究和开发工作。所有岗位均面向校内外公开招聘。
上海交通大学	探索校内特别研究员、副研究员聘任机制。针对发展潜力巨大的40岁以下年轻教师，设置"特别研究员"岗位，聘期3年，聘期内受聘人对外可以"研究员"名义进行学术活动，学校提供岗位津贴每年3万元，分批提供住房津贴累计12万元，由受聘人所在学院（系、所）提供科研经费，自然科学类15万元、人文社科类5万元，学校视情况酌情配套。在几年探索实践的基础上，推出"特别副研究员"岗位，重点支持35岁以下、世界一流大学的博士生，激励他们尽早发展成为学校各个领域的领军人才。
四川大学	设立特聘研究员、副研究员岗位系列。为更加客观地考察海归人员的素质和潜力，激发其创造力，学校针对拟引进的海外名校博士专门设立"特聘研究员""特聘副研究员"岗位，采取4年聘期考察制，聘期内圆满完成合同约定的工作任务并通过学校专业技术职务聘任委员会考察的，可转入学校体系内轨道续聘，否则不再续聘。
中国农业大学	实行百分百公开招聘和校院两级评审制度。一是实行100%公开招聘制度。所有招聘岗位、条件及进程均上网公布。二是实行院、校两级评审制度。成立校级高层次人才引进评审委员会和教师招聘评审委员会。高层次人才引进由学院推荐人选、学校评委会审定；其他教师招聘须经学院评委会按3:1的比例向学校评委会推荐候选人。

华北电力大学	建立"三横三纵"的人才招聘工作体系。"三横"指人才的计划、执行与评价三位一体：人事处会同用人单位共同制定招聘计划；人才办负责具体实施；校内外高层次专家组成独立学术评议组对引进人才的学术水平进行评价。"三纵"指建立由学院、人才办、校长办公会组成的人才工作体系：学院根据学科建设需要对拟引进人才进行综合评价与推荐；人才办组织专家组进行独立的校级评价；校长办公会投票表决确定最终引进人选。
中国人民大学	实行教师专业技术职务有限次数申报制度。一是实行有限次数申报和隔年申报制度，规定每位教师申请应聘高一级职务的次数不得超过三次。凡应聘高一级教师职务未被审定通过且一年来未做出较为突出教学科研业绩的，第二年原则上不得提出受聘申请。二是建立"非升即走""非升即转"制度，对于在本级职务任职满一定年限而又未能达到高一级职务任职条件者，原则上不再续聘原岗位，可按规定程序申请受聘非教师岗位或在规定时间内调离学校。三是严格执行合同考核制度，根据岗位特点和教师专长，与之签订个性化合同。对于个别未能完成合同规定任务的，适当延长一定期限，但延长期内必须完成合同规定的任务，否则不予续聘。
中山大学	严格执行合同管理，积极拓宽教师退出渠道。一是严格执行聘期考核。对签订教师职务聘任合同的教师，以每三年为一个考核期，根据合同规定的条款对每位教师进行聘期考核。合同分为固定期限和无固定期限两种，对有固定期限聘任职务者，聘期届满未能晋升更高职务的按合同约定退出机制处理。二是畅通出口、做好服务。对于2003年6月前入职至2012年满三个聘期且未能受聘高一级职位的讲师，为这部分教师设计了一系列的发展路径，包括应聘专任教学岗、党政管理岗、实验工程岗、图书资料岗，后勤或产业集团岗位，所在院系过渡性管理或教辅岗位，独立学院或附属医院岗位，校外岗位或自主择业，退休病休达到保护线待聘等。三是聘请法律专家指导工作。
中国政法大学	搭建岗位互通"立交桥"。一方面，鼓励教师根据自身特点和能力自主选择调整岗位，不能胜任教学科研岗位工作的教师落聘后可以获得择业竞聘的机会；另一方面，出台校内人员转聘教学科研岗位办法，有志于从事教学科研工作的其他岗位教职工符合相应条件可申请转岗到教学科研岗位。

山东大学	教师晋升须先通过"教学答辩"。为将岗位晋升改革与教师分类改革相结合，在岗位晋升工作中增加"答辩"环节。答辩分为教学答辩和学术答辩两部分，教学为主型教师和教学科研型教师申请职务晋升首先要通过15分钟的教学答辩。同时，对教学为主型教师开辟专门通道，逐步提高教学为主型教师高级职务比例，在单独设立评议组的基础上，对教学为主型教师单独分配名额。
复旦大学	建立完善"代表性成果"评价机制。一是完善校外专家库建设。要求各院系按学科分类向学校推荐足够数量的、分布合理的、具有较高学术声望的校外专家。同时，注重邀请相同或相近学科方向的"小同行"专家对申请人的代表性成果进行评审。二是健全回避制度。在对送审专家名单进行严格保密的同时，实行"主动回避"与"被动回避"两项制度，即申请人如认为某位评审专家与自己的观点不同或其他原因，允许其事先提出主动回避；学校在评审专家查核时严格避免申请人的直系亲属、导师等担任评审专家的现象。三是建立反馈机制。学校结合每次外审的工作情况，建立起对评审专家公信度的考察反馈程序，适时调整、维护、更新评审专家库。四是完善评价指标体系。在总结以往校外评议工作经验的基础上，进一步完善同行评议的评价指标体系，下设学术贡献、学术活力及学术影响力等二级指标，并要求校外同行专家根据新指标对申请人的代表性成果进行综合客观评价，确保学术评价的科学合理。

如今，北京的高校已经开始逐步取消编制，长期来看，以聘用合同的形式与老师约定权利与义务，是改革的方向。随着高校人事制度改革逐渐推进，市场化的倾向越来越强，教师职业状况发生变化在所难免。"雇员化"现象很可能是日后的普遍情况。

（二）健全教师薪酬体系

与国际同行相比，我国高校教师待遇总体偏低，学校运行经费中用于人力开支的比例偏低。以研究型大学为例，2009－2010年，加州大学伯克利分校的人员经费占其运行总经费的61.7%，斯坦福大学为60.7%，密歇根大学为66.5%，其他美国研究型大学的人员经费也大体占运行总经费的三分之二。而我国北大、清华、复旦、南京大学、浙江大学5所大学的平均人员经费比例仅为36%。① 中国一流大学运行成本低于美国研究型大学，所以人员经费的实际差距就更大。为此，我国高校一方面要加大对于人员经费的投入，提高教师薪酬待遇，同时还要建立分类的激励制度，针对不同类型教师确立不同的薪酬体系。众多地方高校普遍存在经费投入不足、教师待遇不高的问题，应当引起地方各级政府的重视。

2018年全国"两会"期间，全国政协委员、长江大学副校长郑军说，"当前高校教师的薪酬主要包括两大部分：一是国家工资，二是校内津贴。国家工资都是固定的；而校内津贴主要根据教学、科研、培养学生情况发放，教师绩效高则校内津贴高。"中国高等教育学会薪酬管理研究分会课题组的调查显示：高校教师的薪酬中，国家工资占整体薪酬的比例约为30%，校内津贴的占比约为60%。

有些教师为了提高收入水平，就会相应注重发放津贴的工作，容易只注重教学科研而忽视跟学生的沟通和交流。调查还显示：按照职务分类，教授的年均收入为14.36万元，副教授为10.33万元，讲师为8.3万元，助教为7.44万元。相比其他行业同等学历的从业者而言，教师的收入显然缺乏竞争力。他建议，在高校普遍实行年薪制。

四、考核管理简约有效

考核是检验成效促进发展的重要抓手。各级各类考核要根据岗位职责要求，增强针对性和实效性，明确职责、区分层次、确定目标任务。避免重复考核、烦琐考核、宽泛考核。要加强信息化管理在考核中的积极作用，减少考核时的反复填表排队盖章。考核要坚持客观公正、严肃认真，力戒形式主义。考核结果的使用要合理准确，真正起到表彰先进、激励创新、增进服务、促进发展的作用。

正确处理过程管理与结果考评的关系，重实绩、重贡献、重效益。教

---

① 参见李立国《高校人事制度改革的走向》，《光明日报》2014年6月3日。

育部印发的《关于深化高校教师考核评价制度改革的指导意见》，是对习近平总书记重要讲话和中央文件精神的贯彻落实，是深化高校人事制度改革、建设高素质专业化队伍的迫切需要。《指导意见》将改革考核评价机制作为当前和今后一段时期推进高校综合改革的切入点，牢牢把握以下几条总体要求：一是坚持考核评价改革的正确方向。以"师德为先、教学为要、科研为基、发展为本"为基本要求，坚持社会主义办学方向，坚持德才兼备，注重凭能力、实绩和贡献评价教师，克服唯学历、唯职称、唯论文等倾向。二是把握考核评价的基本原则。坚持社会主义办学方向与遵循教育规律相结合、全面考核与突出重点相结合、分类指导与分层次考核相结合、发展性评价与奖惩性评价相结合，推动学校和教师共同发展。三是力求解决考核评价存在的突出问题。坚持问题导向，以解决问题为文件起草的出发点，从扭转教师从事教育教学工作重视不够等方面，提出具有针对性的解决措施。

考核评价是高校教师选聘、任用、薪酬、奖惩等人事管理的基础和依据。《指导意见》针对存在有待完善的问题提出解决措施：一是严把教师选聘考核师德关。强调在教师招聘过程中，坚持思想政治素质和业务能力双重考察。二是切实扭转对教师从事教育教学工作重视不够的现象。三是调整完善科研评价导向。探索建立"代表性成果"评价机制。四是综合考评教师社会服务工作。五是将教师专业发展纳入考核评价体系。落实五年一周期的教师全员培训制度。支持高校普遍建立教师发展中心。六是推动建立各类评估评价政策联动机制。

五、完善机制保障人才安全

2016年3月中共中央印发的《关于深化人才发展体制机制改革的意见》提出，加强人才管理法制建设。研究制定促进人才开发及人力资源市场、人才评价、人才安全等方面的法律法规。人才安全是当今时代的重要问题，随着国家人才战略的实施，这个问题显得越来越重要。从国家和单位层面看，如何引进、留住和使用好人才，决定了一个国家和单位的长治久安与兴旺发达，从个体层面看，如何保证每个人才的健康成长和顺利发展，是事业能否成功的前提和基础。

（一）搭建事业平台，使人才引进来、留得住

人才都具有强烈的事业心。只有善于筑巢引凤，搭建好事业平台，才能吸引和引进好的人才。学校要结合国家和地方经济社会发展需要，从自身优势出发，加强各级各类重点学科、重点实验室、特色专业、优秀团队建设，以此为基础吸引优秀人才加入创业，使学校大发展与人才成就感相得益彰。

（二）创造工作环境，使人才尽其力、干得好

改进管理方式，优化工作环境，使人才干得舒心。畅通民主渠道，加强信息沟通，使人才干得顺心。关心职工困难，关爱职工生活，使人才干得安心。如果只把人才当工具，没有了举手的发言权，他们只好选择用脚投票——走人。

（三）注重软硬兼施，使人才走正路、不出轨

人才难得。国家与家庭为培养人才倾注了大量心血，可是这些年来却有不少有成就的管理人才、文化人才和教育人才，在事业上升期没能经得住各种诱惑，误入歧途，给国家和家庭造成不可弥补的损失。大道至简，有权不可任性。其实，无权也不可任性。无论是搞管理、教学还是科研，或者做学生工作，都要心存敬畏，自觉遵纪守法，守住底线，走正路、干正事，传递正能量。有权力才有管理，有能力才有驾驭，有魅力才有忠诚。要做到心有良知，行有天理，胸有敬畏，知行合一。

学校要始终把师德建设作为人才工作的重要抓手，越是关键人才越要做好思想政治工作。同时，要不断完善各种规章制度，把为人才服务和保障人才安全有机结合起来，既不人为设置障碍影响教学科研工作，又不放松管理使发展混乱失节。要努力营造一种民主和谐、平稳有序、充满活力的工作环境。

结束语：大学改革只有进行时

穷则变，变则通，通则久。这是中国先哲对事物发展变化规律的深刻总结，也是当代中国发展进步的现实写照。历史是过去的现实，现实是未来的历史。深刻理解过去，我们才能知晓自己从何而来；深刻认识现实，我们才会知道要走向何处。改革开放创造出今日世界瞩目的"中国奇迹"；而明日中国的前途命运，则取决于当代中国人坚持深化改革开放的决心与意志。

正因如此，习近平总书记在十八届中共中央政治局第二次集体学习时强调，改革开放是一项长期的、艰巨的、繁重的事业，必须一代又一代人接力干下去。更加深刻地认识改革开放的历史必然性，以更大的政治勇气和智慧深化改革，朝着十八大指引的改革开放方向前进，我们就能牢牢掌握自己的命运，牢牢把握国家的未来。

"一个党，一个国家，一个民族，如果一切从本本出发，思想僵化，迷信盛行，那它就不能前进，它的生机就停止了，就要亡党亡国。"改革开放是一场只有进行时没有完成时的伟大变革。为了实现"中国梦"，前进道路上的问题只能以改革开放的办法解决。让我们进一步解放思想，凝聚力量，上下一心，攻坚克难，把改革开放伟大事业不断推向前进！

教育改革，无疑是近些年教育界颇受瞩目的关键词。高等教育改革更是倍受全社会关注。党中央国务院在全面深化改革的总布局中，始终把高等教育改革作为重点工程对待。十年树木，百年树人。只要高等教育存在，高等教育改革就不会停止。只要社会对高等教育现状有所诉求，高等教育现状就要改变，高等教育改革就会发生。

高等教育要发展，根本依靠综合改革。我国建设社会主义现代化强国、人民对美好生活的需要是我国高等教育发展的根本动力，而综合改革则是高等教育发展的内生动力。高等教育改革永远是进行时，这意味着改革要实事求是，要因时因势制宜。深入学习贯彻习近平新时代中国特色社会主义高等教育思想，扎根实际，把握规律，才能做到实事求是。实事求是的高等教育改革，不仅要求在源头上务实，也要在过程上务实，更要在结果上务实，只有这样才能解决为什么改革、怎样改革和改革目标问题。

大学改革只有进行时，因为改革不会一蹴而就，而要持续不断，面对发展过程中出现的矛盾和问题，必须面对新情况，采取新对策，谋划新改革，推进高等教育健康持续和谐发展。

大学改革，与你我同行！

附 一：以创意产业发展带动地方高校内涵建设

一、创意产业是文化产业皇冠上的明珠

党的十七大报告，把"加强文化建设，明显提高全民族文明素质"列为全面建设小康社会新要求，号召推动社会主义文化大发展大繁荣，兴起社会主义文化建设新高潮。国家"十一五"文化发展规划中提出，以创意中心城市建设带动珠江三角洲、长江三角洲和环渤海地区文化产业带建设。党的十九大报告进一步强调，推动文化事业和文化产业发展。健全现代文化产业体系和市场体系，创新生产经营机制，完善文化经济政策，培育新型文化业态。

文化产业在世界上引起关注大致已有半个世纪的历史。《国家"十一五"时期文化发展规划纲要》就强调，当今世界，文化与经济、政治相互交融，与科技的结合日益紧密，在综合国力竞争中的地位和作用日益突出，我们必须增强忧患意识，加快发展文化事业和文化产业，激发民族生命力，增强民族凝聚力，提高民族创造力，在国际竞争中占据制高点，掌握主动权。

文化创意产业通常是指"源自个人的创造力、技能和天赋，通过知识产权的开发和运用，具有创造财富和就业潜力的行业"。根据这一定义，文化创意产业主要包括新闻出版、音像及电子出版物、广播电视电影、文艺创作及表演、文物及文化遗产保护、网络文化、旅游文化、娱乐文化、广告会展、工艺美术、建筑设计、企业策划、项目策划等。文化创意产业是20世纪90年代发达国家提出的一个新

理念，后来逐渐演变成一种全新的发展理念。这种理念认为当代经济的真正财富是思想、知识、文化、技能和创造力所构成的创意，这种创意来自人的头脑，它会衍生出无穷的新产品、新服务、新市场和创造财富的新机会，是经济和社会发展的重要推动力。美国著名企业家比尔·盖茨说过："创意具有裂变效应，一盎司创意能够带来无以数计的商业利益和商业奇迹。"英国创意产业之父约翰·霍金斯放言："创意经济将成为21世纪的黄金产业。"

创意产业作为文化创意、科学技术与商品生产的结合，是文化产业皇冠上的明珠。文化创意产业是一个创造性的产业，是一个绿色产业，它更多的是依赖文化创意去发展经济。创意产业是文化与经济全面融合的产物，近几年文化经济化和经济文化化趋势的实质是经济和文化越来越走向下游化，越来越需要满足消费者的最终需要，尤其是文化需要。整个经济发展的趋势是从传统的工业经济走向服务经济、知识经济，更进一步走向文化和艺术经济。知识经济出现以后，文化和艺术经济开始成为全世界发展的新趋势。创意产业丰富和完善了对于文化产业的理解。

二、地方高校应成为区域文化创意产业发展的强大基地

我国关于文化产业的研究相对滞后，对于文化创意产业更缺乏系统研究。从2004年起，教育部先后批准了50多所高校开设了"文化产业管理"专业，培养相关专业人才，并开展了文化产业的理论研究和开发服务工作。但为数众多的地方高校，在文化创意产业的理论研究、研发应用和人才培养等方面，还缺乏应有的重视和实际的探索，直接影响着地方高校功能的有效发挥和地方创意产业的发展。存在的突出问题是：

地方高校在区域文化创意产业发展中的地位和作用没能引起足够的重视，理论研究滞后，提出地方高校文化创意产业发展模式的

研究较少，地方高校创意能力不强，创新能力不足。地方文化创意人才队伍总量不足、结构不合理、分布不均衡，聚集能力不强，高层次、高技能、复合型、外向型创意人才短缺，甚至与企业需求相脱节。高校与地方相结合的区域创意体系建构模式有待探索，地方高校发展创意产业与加强内涵建设问题需要深入探讨。

为此，必须探索地方高校发展文化创意产业的功能定位和战略模式，搭建地方高校文化创意产业发展平台，为地方高校发展文化创意产业提供针对性的理论指导。推动地方高校文化创意产业学科建设和人才培养向专业化和规范化迈进，为地方高校创意人才的培养，地方创意人才培训，产教互补、校企结合，提出现实性思路和有效对策。

地方高校应成为区域文化创意产业发展的强大基地。我们必须重新审视高校的社会功能，发挥高校在培育创意人才，提升地方文化力方面的重要作用。积极引导地方高校从自身和当地实际出发，充分认识自身的优势和特点，结合地方文化资源，形成具有特色的文化创意产业发展模式。发挥地方高校在区域文化创意产业体系中的地位和作用，助推地方文化创意产业发展，推动地方经济结构调整和产业转型，引领地方经济社会又好又快发展。

高校的内涵建设是一项系统工程，涉及高校方方面面的管理艺术。以发展创意产业带动学科建设、科学研究与成果转化、人才队伍建设和人才培养、改善办学条件，丰富校园文化，不失为地方高校加强内涵建设的有效举措。我国地方高校发展文化创意产业既有着得天独厚的资源优势，又有着责无旁贷的神圣使命。加强地方高校发展文化创意产业的体制、机制和模式研究，形成地方高校可供借鉴的文化创意产业发展的理论成果，总结中国特色的地方高校文化创意产业发展模式，对于促进地方高校的内涵建设具有重要的现实意义。

三、地方高校发展创意产业的思路与对策

（一）基本思路

国外的文化创意产业发展模式多种多样，我国的文化创意产业发展起步晚，且又处于转型时期，因而必须结合我国经济社会实际，富有中国特色和地域特点。我国地方高校发展文化创意产业具有必要性和可能性。知识经济的到来和文化经济的发展，要求地方高校必须重视发展文化创意产业，高校的人才和资源优势决定高校有条件在地方文化创意产业发展中起到引领作用。地方高校是地域文化的承传者，也是地域文化发展的积极推动者。充分发挥高校的知识和人才优势，更好地服务于区域经济建设和社会发展，在知识经济来临、文化产业勃兴的时代，地方高校应当有更大的作为。我国地方高校应成为区域文化创意发展的重要基地。地方高校与当地政府、企业联合，在创意产业政策法规制定、人才培养与引进、建立健全创意产业服务体系、创意产品研究与开发、引导社会消费市场和创意产业发展等方面，形成健全完整的创意产业链条。利用全国高校文化产业学科建设联席会议平台，互动、互通、互惠，促进地方高校文化创意产业学科建设与专业发展。深入调查分析地方高校与区域文化创意产业发展的密切关系和功能定位，探索适合地方高校实际的文化创意产业发展机制和模式。地方高校意欲增加竞争力，提升办学效益，注重内涵建设，必须以文化创意产业发展为动力，调整优化专业结构，以特色求发展，走多样化发展之路，从而更加贴近区域社会和经济形势变化的需要。全面分析地方高校内外各种因素，正确处理高校与地方、文化与市场、文化事业与文化产业等的复杂关系，探索地方高校文化创意产业可持续发展的良性机制。

（二）具体对策

1.地方高校要深入落实科学发展观和习近平新时代中国特色社会主义思想，进一步转变观念，树立新的文化发展观。建设创意型

高校，着力培养学生的创新意识、创新思维、创新方法和创新能力。对于地方高校来说，要以创意求活力，以创意求发展，以创意促成功，以创意产业发展全面带动学校内涵建设。

2.地方高校必须尊重市场规律，立足国际视野，促进地方创意产业的可持续发展。高校与当地政府及文化管理部门相结合，对当地文化创意产业进行调研评估，区分哪些资源是具有世界影响力的，哪些是有国内影响力的，哪些是地方独特的。从而打造出一批有影响力的品牌。

3.地方高校通过对区域文化产业布局的论证和调整，引导地方文化创意产业的合理布局，促进经济结构调整和产业结构优化升级，推动产业转型，促进地方经济社会又好又快发展。有条件的地方，成立文化创意产业（职业）学院，与国家著名高校、当地政府、企业联合成立文化创意产业园区，积极探索股份制等运作模式，整合社会资源，推动地方文化创意产业发展。

4.发挥地缘优势，传承区域文化，坚持错位发展，打造特色品牌，发展创意产业。成立地方（区域）文化研究院或文化创意产业研究基地，坚持官、产、学、研、民（间）相结合，挖掘传统地方文化的产业价值，集创意产业理论研究、产品开发、人员培训、咨询服务、对外合作交流于一体，积极开展区域文化资源调研、发掘、整合工作，广泛收集基层创意产业实践者的意见和建议，及时了解各地区的文化创意产业发展信息动态，提出发展文化创意产业的具体政策和措施建议，着力打造地方文化品牌。研究制定相关措施，建立创意产业成果转化链，形成"学术研究——应用研究——技术开发——产业化经营"的基本运作链条。

5.地方高校要发挥其强大的教育功能，大力培养和积极培训地方文化创意人才，壮大创意人才队伍。一是要积极调整专业结构，大力培养文化创意人才。创意产业需要多学科人才的有机结合。坚持培养、引进、使用相结合，培养一批文化创意产业人才，构筑区

域文化创意产业人才高地。充分发挥高校学科覆盖面广、综合性强
的优势，通过理工交叉和文理渗透，增设文化创意产业，发展相关
学科和专业，结合学校实际和地方文化资源特点，大力发展能够增
强原创能力的基础学科、与经济社会发展密切的应用学科和专业，
大力培养文化创意、动漫、网络、电子出版等新兴技术和生产销售
人才，尤其是策划、经营、管理人才，为地方文化创意产业发展提
供强大的智力支持。二是充分利用学校教育资源优势，加大社会文
化创意人才的培训。高校知识密集、多种学科的学者和专家集中，
又有较丰富的图书资料、仪器设备及较多较快的科学信息，可以根
据地方文化创意产业发展的需要，与当地政府相关职能部门结合，
加强文化从业人员、文化管理人员的培训力度，提高文化队伍的业
务水平和整体素质。

6.坚持请进来与走出去相结合，请文化创意产业专家和民间文
化艺人（民间艺术传承人），到地方高校传授文化创意产业的理论
与实践。同时重视发展音、体、美、软件开发、工业设计等相关创
意产业项目，形成地方文化的特色品牌，并通过市场化的路子走出
校园，走出国门，走向世界，提高学校的知名度和美誉度。以地方
高校区域文化研究院（所）为依托，以市委、市政府名义公开发布
地方文化创意产业开发应用性研究课题。

7.适应知识经济发展的需要，高校教师要实现从"文化人"向
"创意人"的转变。制定激励政策，优化内外环境，运用两个课堂，
与地方文化企业共建稳定的创意实践基地，积极指导学生进行创意、
创造、创业活动，以创意促科研，以创意促教学，以创意促学习。

8.发挥大学生社团的组织凝聚作用，成立各类创意社团或创新
协会，引导学生参加校内外各种"文化创意设计"比赛。通过网络
及市场平台，积极参与各类创意设计，搞好文化与技术、市场的有
机结合，着力做好转化文章。使大学生奠定良好的文化创意基础，
建立区域创意产业发展高素质后备人才队伍，为地方创意产业发展

提供持续动能。

9.围绕创意产业发展，调整完善学科建设，提高人才培养质量和办学水平。进一步整合科研人才资源、产业资源、改善办学条件，深入挖掘潜力，加速科技成果转化为生产力的过程，实现教学、科研、创意产业协调发展，壮大学校综合实力。

10.建立激励机制，努力形成"鼓励创新，宽容失败"的良好氛围，让各类创造型人才脱颖而出，让各种创造性成果不断涌现。大力加强以创意产业为特色的校园文化建设，形成治学严谨、求实创新的良好学风。完善文化创意产业人才评价机制，形成创意产业领域多出人才、多出成果的良好环境。

内涵建设是高教事业发展的硬道理，发展创意产业是促进高校内涵建设的有效举措。著名教育家陶行知说过："人类社会处处是创造之地，天天是创造之时，人人是创造之人。"创造学是一门新兴学科，主要研究创造理论、创造技法和人的创造潜力的开发，其创始人是美国纽约 BBDD 广告公司的奥斯本，他被称之为"创造之父"。创造教育是一门独立的学科，它是创造学与教育学的交叉学科，有着完整的理论体系和明确的研究对象，这就是推行创造教育，开发青少年的创造能力。通过理论与实践的有机结合，开辟第二课堂，培养和提高学生的创造能力、创新能力和创业能力（简称之为"三创能力"）。以学习促创业，以创业促学习。

近几年，潍坊学院特别注重学生创新能力和创造能力的培养，成立了学生创造协会，在课堂教学中，特别注重激发学生的学习兴趣，启发创新思维，培养创新精神，使他们能在良好的环境和氛围下自主研发、创新创造，从而出现了一批"校园发明家"。2007年，潍坊学院参加第十届"挑战杯"山东省大学生课外学术科技作品竞赛，选送的5件参赛作品全部获得大奖，其中卢政委等同学的作品——《安全开关》荣获特等奖，并被选送参加全国的决赛获全国三等奖。在第五届齐鲁大学生软件设计大赛中，潍坊学院由计算机与通信工程学院组成的五人代表队，在手机游戏项目比赛中获团体一等奖。2017年4月26日，在国家超级计算无锡中心举行的2017 ASC世界大学生超级计算机竞赛（ASC17）总决赛首日战罢，清华大学、德国埃尔朗根－纽伦堡大学、俄罗斯乌拉尔联邦大学等20支全球高校队伍经过激烈角逐最终爆出最大冷门：第一次闯入总决赛的潍坊学院代表队创下3000W功耗约束下每秒31.7万亿次浮点运算性能的惊人佳绩，一举打破国际超算竞赛HPL计算性能世界纪录。

发展创意产业，打造"创意半岛"。借鉴国内外有益经验，结合山东省发展战略，推动创意城市建设，通过青岛龙头带动、济南中部崛起，全力打造半岛创意城市群。经过多年的发展，山东半岛文化创意产业已经奠定了较好的发展基础。全国创意（中小）城市50强，潍坊、烟台、日照、寿光入选，它们都在半岛城市群之列。山东半岛是齐鲁文化的发祥地，北依京津，南接沪杭，外接日韩，历史文化积淀深厚，科技文化艺术单位与大专院校的比较优势明显。半岛各市要正确认识和把握文化事业和文化产业的关系，充分利用地方高校的优势资源，全面推进文化创意产业发展，加快文化强市建设步伐。

附 二：家庭、学校、社会有效互动，促进青少年成长成才

一、重视家庭教育，改变家长观念

（一）家长是儿童的第一任老师

家庭教育是家庭成员之间的互相影响与教育，通常指父母对儿女辈进行的教育。古人说，养不教，父之过。马克思说："家长的行业，是教育子女。"教育子女是每位家长的神圣职责。父母是子女的第一任教师，而且是"教龄"最长的教师。父母子女关系至亲，感染力和接受力也最强。朝夕相处，耳濡目染。所以，家庭教育是其他教育方式所不可替代的。特别是学龄前儿童的启蒙教育，不仅可以为以后的学校教育打下良好的基础，而且还会对子女的一生都产生影响。一些有所作为的思想家、文学家、科学家，大都受到良好的家庭教育。宋庆龄曾说过："孩子们的性格和才能，归根结底是受到家庭、父母，特别是母亲的影响最深。孩子长大成人以后，社会成了锻炼他们的环境。学校对年轻人的发展也起着重要的作用。但是，在一个人的身上留下不可磨灭的印记的却是家庭。"著名作家老舍也曾深情地回忆说："从私塾到小学到中学，我经历过起码有百位教师吧！其中有给我很大影响的，也有毫无影响的，但是我的真正的教师，把性格传给我的，是我母亲，母亲不识字，她给我的是生命的教育。"这里生命的教育是指思想品德、道德情操、行为习惯等

方面的教育。

但在现实生活中，由于人们对家庭教育的重要性认识不够，有的对孩子放任自流，认为树大自直；有的对孩子溺爱娇惯，捧在手中怕摔了，含在口中怕化了；有的对孩子生硬管制，实行棍棒式教育，使子女畏父如虎。结果，许多本来天赋很好的孩子却常常被耽误了，甚至走向歧途。

要了解家庭教育的规律性。俄国大文豪高尔基说得好："爱护子女，这是母鸡都会做的事。然而，会教育子女，这就是一件伟大的国家事业了，它需要有才能和渊博的生活知识。"子女教育是一门科学，也是一门艺术。做父母的应尽可能地多了解掌握一些有关子女教育的知识，遵循家庭教育的规律和方法，科学地进行家庭教育。

心理学研究表明，人的性格都是在12岁以前形成的。今天的我们身体已经长大，已经有了独立生活的能力，而那些童年学到的模式化的思想、行为和情感方式、价值观等依然跟随着我们，当面对新的环境和与他人互动时仍然常常在用过去的模式，这些模式化的反应都是条件反射，可以说自己在生活也可以说是过去的经验在活自己。

（二）克服重物质轻教育的观念和做法

当前，由于改革开放与社会主义市场经济的迅速发展，社会环境更为复杂，从而使家庭教育愈来愈成为社会治安综合治理与构建和谐社会不可缺少的组成部分。稳定社会治安，构建和谐社会一定要重视家庭教育。只有充分运用多种多样提高家庭教育水平的方法，教会、教懂家长如何科学地教育管理子女，从而有针对性地管理教育子女，才能获取良好的家庭教育效果。从儿童健康成长需要出发，农村家长应选择就近务工，尽量搞好子女的教育管理，或至少有一位家长在家陪伴孩子，避免出现"留守儿童"。

国家提出培养青少年德、智、体、美、劳全面发展的要求，这是根据青少年的特点，总结国内外教育的历史经验，符合我国社会主义社会发展的要求提出来的，是符合家庭教育、学校教育的科学规律提出来的。但是，目前有些家长仍存在着只养不教或者追求片面发展的思想倾向。比较突出的是，这些家长认为自己过去吃过不少苦，现在条件好了，希望子女享点福，情愿自己节衣缩食，也要让子女满足物质欲望。尤其是独生子女，三代人围着"小太阳"转；要啥给啥，姑息迁就。有些家长认为人生何必太辛苦，孩子以后只要会挣钱就是本事。

（三）克服重智育轻德育的教育方式

有不少家长片面重视智育而轻视德育，认为只要有"本事"、出人头地就行，不看子女实际品行，拼命地给子女"开发""培养"，压学习任务，把品德、劳动技能、行为规范等置之脑后。这种重智轻德、片面发展的思想破坏家庭教育的科学性、完整性，严重影响作为教养一个合格子女的品德基本规范训练，若不更新这种不正确思想观念，其引起的不良后果是令人担忧的。父母应该树立正确的教育观念，以子女的身心健康和成长成才为根本。

重视子女从小养成良好习惯，遵守行为规范，树立高尚情操。这是家庭教育的重要组成部分。作为父母切不可以认为子女幼小而忽视其良好习惯与行为规范培养。许多做人的基本道理、行为习惯、是非标准是在幼小时日常生活中逐步养成并巩固树立起来的。

（四）关注留守儿童，弥补"爱"的缺失

最新统计数据显示，我国义务教育阶段农村留守儿童已有2200万人。长期以来，"留守儿童"的心理问题始终困扰着每一位教育工作者。由于长期得不到父母的关爱，这些儿童在性格上明显存有任性、冷漠、内向、孤独、怪异、逆反等特征，如不能及时得到解决，不仅会给儿童带来心理上的伤害，而且会给孩子的健康成长带来极其严重的影响。

留守儿童面临的最大的问题是缺乏正确的辅导与监督，父母之爱的缺位容易使他们产生心理障碍和性格缺陷，长时间放任自流可能使其走上违法犯罪道路。而社会监护体系、关爱体系的建立与完善，是解决这一问题的可行之路。

认真落实教育部、全国妇联等五部门联合下发的《关于加强义务教育阶段农村留守儿童关爱和教育工作的意见》，优先满足教育基建，优先改善营养状况，优先保障交通需要。要给留守儿童更多的关爱，各级政府要组织一群志愿者，定期地进村入户，为留守儿童开展志愿服务活动。组织青年志愿者跟他们开展手拉手活动，怜惜他们由于父母长期在外打工感情缺失，同时也通过这些活动，让他们更有利于健康成长。通过示范带动作用，有更多的人能参与到关爱留守少年儿童的活动中，为他们营造一个有利于他们健康成长、成才的良好环境。

西方学者弗洛姆认为："家庭是中介，通过它，社会或社会阶层给儿童因而也对成人打上自己的特定的烙印，家庭是社会的心理媒介。"①在我国，家族传统比较浓厚，并由此形成了特定的家族文化，一些长期因袭和积淀下来的传统、习惯、遗风、祖训、族规、禁忌等，往往是维系一个家族存在的重要心理纽带。家族文化直接通过家庭而影响青少年的成长。

家庭是青少年社会化的起点，是社会化的摇篮。人的一生大部分在家庭中度过，儿童在家庭中生活时间最长，约占全部生活时间的三分之二。根据动物心理学家的试验，一般动物都有明显的印刻现象，即在生命最初的经验得到的某些信息，可以影响它以后的行为，并且带有不可逆转性。事实证明，这种印刻现象在儿童身上也程度不同地存在着。中华人民共和国成立后，家族活动销声匿迹，传统的家族文化也一度处于消解过程中。可是改革开放以来传统家族文化又以一些新的形式有所回复，如拜年祭祖、修祠堂、续祖谱等。家族文化中有些良好的传统习惯得以传承下来，而那些陈规陋

---

① 俞吾金译《弗洛姆著作精选——人性·社会·拯救》，上海人民出版社，1989年8月第1版，第37页。

习也随之对青少年有所感染。青少年自幼受家族风习的熏陶，其生活态度和行为习惯都不同程度地带有家族的痕迹。有些青年成年后即使脱离家族走上工作岗位，也往往还带有家族传统的烙印。在家庭中，父母的一言一行都会给儿童以潜移默化的影响。夫妻之间的思想与情感交流（包括性语言与性行为），对社会生活的不满情绪和看法，如果都毫无隐瞒地让孩子耳闻目睹，自然会对青少年的身心健康带来不利影响。英国哲学家弗兰西斯·培根说过："在子女面前，父母要善于隐藏他们的一切快乐、烦恼与恐惧。他们的快乐无须说，而他们的烦恼与恐惧则不能说。"这话是不无道理的。作为家长，恰当地引导孩子正确认识一些阴暗面，对孩子心理成熟和以后走向社会是有益的，但若不注意方式、方法和分寸，甚至故意加以渲染，则往往适得其反、事与愿违。目前在农村社区，由于社会的急剧变化，有些地方家族冲突、家庭矛盾、代际冲突比较严重，这种情况对青少年成长的影响值得注意。

二、更新教育理念，创新教育方式

（一）坚持育人为本，全面实施素质教育

《国家中长期教育改革和发展规划纲要（2010-2020年）》（以下简称《纲要》）强调，把育人为本作为教育工作的根本要求。关心每个学生，促进每个学生主动地、生动活泼地发展，尊重教育规律和学生身心发展规律，为每个学生提供适合的教育。党的十八大强调要"全面贯彻党的教育方针""全面实施素质教育"。面对新形势新要求，特别指出，"坚持教育为社会主义现代化建设服务、为人民服务，把立德树人作为教育的根本任务，培育德智体美全面发展的社会主义建设者和可靠接班人"。

实施素质教育，是一项复杂的系统工程，需要全社会共同努力，政府是主导，学校是关键，家庭是基础。

各级各类学校都应树立正确办学理念，尊重教育规律和学生成长规律，强化德育为先、能力为重、全面发展的育人理念。真正把提高学生素质、促进学生健康成长作为学校一切工作的出发点和落脚点，尊重每个学生的个性，关爱每个学生的进步，为他们发展提供适合的教育。

进一步推进素质教育，首先要开全课程，促进学生全面发展，其次要更新教育观念，深化教学内容方式改革，再次要建立科学的教育教学评价机制，重视学生、家长和社会评价，使评价多元化，进一步改进教育教学工作，使量化考核和奖励机制更加合理。

（二）坚持德育为先，促进全面发展

转变重智轻德的教育理念，积极培养青少年完善人格。《纲要》指出，全面加强和改进德育、智育、体育、美育。坚持文化知识学习与思想品德修养的统一、理论学习与社会实践的统一、全面发展与个性发展的统一。

进一步加强和改进未成年人思想道德建设，努力加强和改进德育工作。必须有一支高素质的教师队伍，倡导身教重于言教，有效开展德育工作。德育工作要从身边小事做起，开展多种形式的行为养成活动和心理疏导。拓展德育渠道，把学校教育、社会教育、家庭教育紧密结合，不断创新德育工作方法。更新教育教学理念，贯彻"为了一切孩子，为了孩子的一切"的思想观念，注重能力培养，让学生全面主动健康地发展。

现代人才成长理论认为，成才主体的创新活动虽然要以一定的智能水平为基础，但智力因素不是成才的根本原因，人才的成功与否，取决于主体创新人格的形成和发展。因为创新过程不仅仅是一种单纯的智力活动过程，还包括许多个性心理品格方面的因素。历史上许多科学和文化巨匠，如爱因斯坦、巴尔扎克、达尔文等，他们都没有超凡的智力，甚至一度被视为"笨蛋"，但最终都取得了举世公认的成就，其原因正如爱因斯坦所言："智力上的成就在很大程度上依赖于性格的伟大，这点往往超出人们通常的认识。"情感、意志等人格因素与人的创造力密切相关，都是创新实践不可缺少的重要条件。

据中国社会科学院当代中国研究所针对12所驻京高校大学生的调查统计，选择"家庭教育和父母言行"作为对大学生政治信仰和人生信念影响因素的约占57.8%；其次是"学校教育和书本知识"，约占29.1%；选择"主流媒体的舆论宣传、英模事迹"和"影视媒体如励志片、偶像剧等"各占19%和3.1%。[①]调研表明，家庭、学校、网络媒介、大众影视、娱乐传媒、社区等在其中都发挥着不可忽视的作用，需要更为密切的配合和广泛的合作，尤其是各方面的自觉参与。

（三）克服科学与人文两张皮的现象，科技与人文教育相辅相成

人文教育的目标就是"教人做人"，它培育学生对人类、对民族命运的关注和责任意识，培育学生的高尚人格和健康心理素质。当代教育思潮强调"以人为本"、力求在教育活动中做到"科学""人文"与个性化"创造"的和谐统一。信息技术在教育领域中的应用，把我们带到了一个信息空前丰富的教育信息化时代，同时也是一个充满人文忧患的时代。科技发展代替不了人文教育，崇高的人文价值，不应随着技术的发展而受到损害。在加强科学教育的同时，还要加强人文教育，二者缺一不可。

为此，学校必须克服科学与人文两张皮的现象，使科技与人文教育有机融合，不仅在教导学生科学技艺，更多地在教育学生如何做事、如何做人及如何融科学精神与人文精神于一体上持续发力。在专业教学中融汇人文素质教育，不应只是把人文内容作简单的点缀，而应尽可能使之融会贯通，使专业的内容彰显人文精神、形成一种精神导向。这样才能使专业技能与人文素质两方面的教育相辅相成、相得益彰。

---

① 曹守亮等《行走在理想与现实边缘——驻京高校大学生思想现状调查》，2013年1月8日《光明日报》。

（四）加强青少年法治教育、培养青少年法治观念

在严厉打击青少年违法犯罪的同时，应当把工作重点放到对青少年的法制宣传教育上来。青少年违法犯罪的一个主要原因就是法制意识的淡薄。许多青少年并不知道所实施的行为是否为犯罪，而且对行为和后果往往也缺乏应有的考虑。因此，打击和防范青少年违法犯罪应当从源头——法制宣传开始抓起。对青少年进行并加强法制教育，是从根本上厉行法治，培养造就一代新人的重要举措，是建设社会主义法治国家的百年大计。

进行法制教育在法律上而言也是我国未成年人保护法的"司法保护"中的重要一项。如每年12月4日的全国法制宣传日，各地教育局都会举行有关"法制教育"的活动，提高中小学生的法制观念。目的是为了探索新形势下青少年法制教育的新模式，进一步强化广大师生学法、守法、用法的意识，加强学生抵制社会不良现象的免疫力和自我保护能力。塑造法制意识与法制观念，组织学习切身的法规获取法律知识，是青少年的重要任务。青少年必须加强法制教育，增强法制观念，认真地学法、守法、用法，才能成为全面发展的社会主义事业建设者和接班人。

利用"青少年模拟法庭"、典型案例专题片、法律知识比赛等有效方式，增强青少年法制教育的吸引力；要推动法制教育进入教学大纲，大力加强社区青少年法制学校等阵地建设。坚持以未成年人犯罪年度比率为重点的考核评价机制，推动基层有针对性地开展工作。

在搞好法制教育的同时，必须加强在校学生的教育管理和矛盾调解工作。研究表明，校园年轻人间发生的争执很容易在校外升级成肢体暴力行为，而不少犯罪实施者就是在校学生。同时还应加强青年学生的生命教育，形成热爱生命、珍惜自身生命和尊重他人生命的强烈意识。

建立和完善"家长教师联谊会制度"，加强学校与家庭的联系，充分发挥家长的力量改进学校工作，使学生家长积极参与、监督学

校的管理工作，确保学校的教育政策与行为切实符合学生的利益，规范办学行为、深化教学改革，促进学生健康发展。

重视农村义务教育发展。21世纪教育研究院院长杨东平发布的《农村教育布局调整十年评价报告》显示，2000年到2010年，在我国农村，平均每一天就要消失63所小学、30个教学点、3所初中，几乎每过1小时，就要消失4所。[①] 持续十年的撤点并校，变成"一哄而起"而又"一刀切"的普遍动作时，最终被放置在"受害者"位置的，还是那些农村孩子们。正像抽样调查显示的那样，农村小学生学校离家的平均距离为10.83里，初中生离家的平均距离为34.93里，流失辍学及隐性流失辍学率提高。加之，撤并后导致的新学校的管理和教育资源紧张，以及由此延伸出来的饮食安全、交通安全等问题，更是屡屡进入公众视野。这些问题，显然已引起相关方面的高度重视。2012年9月，国务院办公厅下发的《关于规范学校布局调整的意见》，提出"坚决制止盲目撤并农村义务教育学校"，"在完成农村义务教育学校布局专项规划备案之前，暂停农村义务教育学校撤并"，"已经撤并的学校或教学点，确有必要的由当地人民政府进行规划、按程序予以恢复"。

而仅仅"恢复"就能解决农村学校和农村教育的所有问题吗？问题注定不是这般非此即彼的简单。正像很多人看到的那样，现如今，不少即便被保留的农村中小学，其资源投入的匮乏、教育资源的贫瘠、教学质量的滞后，已经严重到触目惊心的地步。正像杨东平说的那样，农村学校日益荒芜凋敝，农村教育出现了"城挤、乡弱、村空"的危局——而面对这样的危局，特别是面对那些生源不多、教师年迈、资源匮乏的学校，地方政府和教育主管部门，未必有大力扶持和关注的耐心。所以，必须关注农村学校集体消亡的系列负面效应。不为别的，只因为他们和所有的城镇孩子，都生活在

---

① 2012年11月18日《京华时报》。

同一片天空下，不能让他们迷失在连起码的入学平等都得不到有效保障的现在。①

三、优化社会环境，强化社会教育

（一）调控社会心理，优化社会环境

社会潜意识、不良亚文化对青少年成长的影响长期引不起重视，正规教育就有被釜底抽薪的危险。因此，在弘扬主文化的同时，必须注意对社会心理的调控和疏导，扼制不良亚文化的滋生和蔓延，净化社会心理环境。实施影视作品分级制和广告播放时段制，对那些不适于青少年观看的影视作品和广告则适当"隔离"，减少不良刺激，还给青少年一个良好的精神空间。提高创作者的责任感，扼制"文化垃圾"的生产，控制"污染源"。对失范的社会欲望加以矫治，使人的灵魂得以洗涤和升华，是艺术家的品格；而过分渲染社会欲望，张扬人性的弱点，诱使人的灵魂走向堕落，则是商业艺人的伎俩！对人们普遍关注的难点和热点问题，要及时加以克服和解决，减少不良情绪的传染。帮助青少年多开展一些健康有益的活动，减轻身心负担，树立科学的人生观，辩证地看待人生的顺逆得失，以积极乐观的姿态投入学习和创造活动。

（二）搞好社会教育，增长社会知识

实现学校教育与社会教育有效互动，全面提高学生综合素质。克服以往盲目"开门办学"或"闭门造车"的极端做法，通过有效途径和方式，推进学校教育与社会教育的有机结合，第一课堂与第二课堂有效互动，全面提高学生的思想政治素质和综合素质。采取多种措施和方式对学生进行社会知识、社会经验和社会适应能力的教育和培养。通过理论与实践的有机结合，开辟第二课堂，培养和

---

①　参考李记《别忽视农村学校消亡的负面效应》，《中国法制报》2012年11月19日。

提高学生的创造能力、创新能力和创业能力。当代学生思维活跃，这就要求学生思想政治教育在理论与实践的结合上，在国内与国际的结合上，在宏观与微观的结合上下功夫、出实招，增强思想政治教育的吸引力和感召力。

（三）规范网络游戏，优化网络环境

当前社会上对青少年上网存在一些误解，认为网络成瘾是青少年违法犯罪的一个直接原因，事实上，调查显示青少年总体的上网时间是很有节制的，超过四成的青少年每周上网时间在10小时以内，近三成青少年在10至20小时。青少年总体上超过半数的上网时间用于查资料和看新闻，玩游戏的时间仅占20%。[①]同时，数字化娱乐方式时代的来临已经势不可挡，目前不是封和堵的问题，而是如何占领这一领域，引导青少年进入健康、有益的娱乐中，避免新娱乐对青少年成长的负面影响。我们不能视数字化娱乐为洪水猛兽，一味回避，甚至封杀、禁绝，相反应由政府牵头，鼓励、扶持娱乐企业开发有益青少年身心健康、促进学习工作的游戏、数字产品和娱乐项目，挤压不良信息的生存空间。

互联网上的"暴力美学"盛行，导致部分青少年从小崇尚暴力，继而成为潜在的暴力行为模仿者。为此，监管部门要严厉打击部分娱乐企业提供含有暴力、恐怖、色情内容的娱乐；正确引导青少年正确看待数字娱乐中虚拟属性，避免产生"匿名"的滥用；积极引导青少年适度参与，不形成依赖甚至成瘾。

互联网给社会带来方便的同时，也产生了一些负面的影响。中国互联网协会副理事长黄澄清指出："如果要保护好青少年，首要的是管住成年人。实名制不是限制做什么，而是做了什么要负责任，现在之所以犯罪率这么高，主要是犯罪成本低，管理成本很高。现在要解决它，重要问题是溯源。"

---

① 《网络已成当前青少年最主要娱乐方式》，新华网引自《新京报》2005年9月10日。

（四）从网格化到"水立方"：建立健全全方位帮教体系

多年来，在党和政府领导下，社会各界为加强和改进青少年教育管理工作而整体联动，携手努力，坚持不懈，孜孜不倦。1992年1月，我国颁布了《中华人民共和国未成年人保护法》，1999年11月，颁布实施《中华人民共和国预防未成年人犯罪法》。1991年、2001年中共中央、国务院、全国人大常委会分别颁布的三个关于加强社会治安综合治理的文件，2000年中央社会治安综合治理委员会颁布了《关于进一步加强预防青少年违法犯罪工作的意见》。当今存在的突出问题是，尽管出台了这些法律法规，但有些地区的领导机构和工作机构还不完善，有些地方经费和人员没有落实致使工作机构形同虚设，工作队伍和制度没有建立，甚至有的基层地方预防未成年人违法犯罪工作无人管、无人问，对重点青少年群体底数不清，"以文件落实文件""以会议落实会议"。因此，各级党委、政府一定要从培养接班人的高度出发，加强对预防未成年人违法犯罪工作的领导，综合运用政治、经济、行政、法律、文化、教育等多种手段，"疏""堵"结合，预防为主，建设为重，标本兼治，逐步构建以预防工作责任制为龙头，以家庭、学校和社区为主体的教育、管理网络为核心，以未成年人素质教育和健康成长的社会环境优化为抓手的科学有效的、完备的预防违法犯罪工作体系。

创新社会管理，保障流动青少年合法权益。共青团中央权益部副部长卢国慧谈到，当前青少年面临日益复杂的成长环境，我们在调查中也发现，闲散青少年、流浪青少年、农村留守儿童等群体，由于他们特殊的环境和成长经历带来的困难和问题，使他们的权益特别容易受到侵害，也是犯罪行为的高发群体，这必然对他们的世界观、价值观的形成带来深刻影响，导致部分青少年行为失范。面对新情况新问题，创新工作理念、政策体系、体制机制和工作方法，从网格化到"水立方"，维护青少年合法权益，是我们开展重点青少年群体服务管理和预防犯罪工作必须回答的问题。

重视和发挥社区预防在青少年犯罪预防中的整合、沟通、兼顾和同化作用，成立联席会议制度、引入专业化的社会工作机制、建立社区青少年心理救援机制、完善青少年福利服务机制、构建青少年成长环境预警系统，降低青少年犯罪概率。

青少年是一个特殊的群体，应该用特殊的办法来对待。对于未成年人犯罪，必须认真落实最高人民检察院《关于进一步加强未成年人刑事检察工作的决定》，做到依法"少捕、慎诉、少监禁"。因为不少涉嫌违法犯罪的未成年人大多是初犯、偶犯，其中未成年人犯罪普遍是涉世未深经不起诱惑或者缺乏家庭关爱的青少年，在适用挽救、感化和教育措施，及非监禁刑后，一般都能珍惜机会，重新犯罪的现象很少。对情节轻微的犯罪尽可能地适用少捕慎诉少监禁，可以有效防止未成年人罪犯产生"破罐子破摔"的价值取向，杜绝"交叉感染"的危险。

四、加强心理疏导，培养完善人格

（一）心理健康与生理健康同样重要

据世界卫生组织统计，全球完全没有心理疾病的人口比例只占9.5%。有专家指出，19世纪威胁人类最大的是肺病，20世纪威胁人类最大的是癌症，21世纪威胁人类最大的是精神疾病。全国人大常委会副委员长许嘉璐曾指出，当前我国青少年最大的问题不是"身"的保护，更多的是"心"的问题。对未成年人"心"的关怀应该加强。

在西方，特别是美国，人们一旦遇到诸如情绪低落、情感挫折、环境不适等心理问题，首先就会想到找心理咨询师。美国是现代心理咨询的发源地，也是心理咨询业最发达的国家。在那里，几乎每一个中产阶级都有自己的心理咨询师。难怪有人形容说，美国成功人士的臂膀是靠两个人搀扶的，一个是律师，一个是心理咨询师。据统计，每500个美国人中就有1名心理咨询师，30%的美国人定期做心理咨询，80%的美国人会不定期去心理诊所。

有关调查表明，由于社会观念错位，导致公众难以接受心理咨询。中国社会正处于转型期，人们产生的失落感和生活压力，很容易使人患上心理疾病。资料显示，中国目前患有精神疾病的人数已超过1600万，带有情绪障碍及行为问题的17岁以下儿童和青少年约有3000万。大学生、妇女、老年人、白领阶层、下岗职工及外来民工都是易患人群。各类精神和行为问题，均呈加速上升趋势。专家指出，由于一直以来人们对于正常心理的界定不清，很多人并不认为自己有心理问题。因此，以上统计数字均属于保守数字。事实上，在每个人的生活中，70%—80%的时间都会存在心理不健康的状态，80%以上的人经常出现心理困扰。经受重大自然灾害（如地震等）而劫后余生的人们，也大量地需要进行心理危机干预。这些数据背后，应该是一个庞大的心理咨询市场。

然而，与上面这些数字相对应的却是另一番景象，心理诊室目前的经营情况并不乐观，大部分都是门庭冷落，来访者寥寥无几。究其原因，还是社会观念的落后导致了心理咨询市场供需错位。大多数国人在遇到焦躁、嫉妒、抑郁时，习惯于憋在心里，独自承受，顶多会向周边的朋友倾诉一下，很少有人会主动去看心理医生。去看心理医生的人，往往会被人侧目视之。[1]必须转变观念，不但重视青少年生理健康，更要重视青少年心理健康。

（二）个体心理疏导与群体心理咨询相结合

《中国青年报》2006年5月31日报道，浙江理工大学举办的大学生心理压力调查显示：近六成大学生心理压力大。然而，在问及有了心理问题，是否愿意去心理咨询机构咨询时，只有22%的人选择会，还有78%的人不愿意去。主观上如此，客观上又如何呢？据介绍，在国外，每1000名大学生就有1名专职心理辅导员，而在

---

① 参阅2006年7月12日《京华时报》，转引自2006年7月17日《法制文萃报》第21版。

国内，在最受重视的大学中，如山东大学，每2500名大学生配1名心理辅导员。目前全国高校中从事心理咨询工作的人员尚不足3000人；全国1000多所大专院校，只有30%建立了心理咨询机构；在建立了咨询中心的学校中，由于心理咨询师太少，学生的预约时间长达几个星期。事实上，从中学到大学，由于地位的改变、人际关系的变化、奋斗目标的缺失、理想与现实的落差，极易导致大学生产生各种心理问题。这就需要引导大学生，积极调整心态，掌握人际沟通技巧，确定新的奋斗目标，提高生活自理能力，及时适应新的大学生活。

由于社会的急剧变革和社会环境的复杂化，青少年在成长过程中难免会产生忧虑、苦闷、彷徨的心理，形成思想的疙瘩和心理的压力。大禹治水，益在疏导。要创造适当的宣泄条件，让青少年将心中的苦闷和烦恼发泄出来，以避免个体间的相互感染引起群体的不安定因素。我国著名心理学家潘菽曾指出："不仅有害物质能造成各种各样的身体疾病和精神疾病，有害的心理因素也有同样的作用；不仅药物能治病，良好的心理素质和积极精神状态，对于身体和精神的疾病也常常能起到治疗或有助于健康的作用。"要切实解决青少年成长过程中面临和关心的实际困难和问题，制定和推行有利于青少年成长、发展和脱颖而出的政策、措施。积极开展各种健康有益的活动，帮助青少年树立科学的世界观与人生观，辩证地看待人生的顺逆得失，在投身改革、建设祖国的事业中实现自身的价值。

由于传统文化影响，人们不太认同个体心理咨询，为此必须加强群体心理咨询活动，提高青少年的心理保健知识。团中央、教育部、全国学联于2004年5月决定将每年的5月25日确定为"全国大学生心理健康节"。几年来，各级组织紧密结合大学生心理特点，广泛开展各种心理健康教育活动，进一步提高了全社会对大学生心理健康教育工作的重视。2007年第四届大学生心理健康节以"我爱我——自立自信，昂首职场"为主题，引导广大高校学生树立正确的就业择业观，以积极乐观的心态去面对就业和未来工作、生活中可能遇到的挫折和困难，为服务高校毕业生就业，促进社会和谐做贡献。

著名教育家蔡元培认为，教育是帮助被教育的人，给他能发展自己的能力，完成他的人格，于人类文化上尽一分子的责任。《中共中央关于构建社会主义和谐社会若干重大问题的决定》指出，构建社会主义和谐社会必须重视和谐文化建设，加强人文关怀，促进人的心理和谐。胡锦涛在党的十八大报告中进一步强调："加强和改进思想政治工作，注重人文关怀和心理疏导，培育自尊自信、理性平和、积极向上的社会心态。"① 借鉴国外心理分析思想，继承中国传统文化心理观点，加强人文关怀，促进心理和谐，建立中国特色的分析心理学。在全社会积极开展心理分析和心理咨询，引导人们正确对待自己、他人和社会，正确对待困难、挫折和荣誉，培育人的乐观、豁达、宽容精神，提高人们的心理承受能力和挫折容忍力。重视未成年人的心理健康与全面发展，引导青年学生学会积极的认知，正确认识世界，客观了解自己；指导学生使用升华、补偿等积极的心理防御机制，不断提高控制和调适内心平衡的能力。建立学校心理咨询机构，健全学校心理服务体系，实行教育、教学、咨询、科研"四位一体"的心理素质教育模式。把人文关怀和心理疏导渗透于思想政治工作、学校教育、家庭教育等各个方面，帮助青少年塑造健康、和谐、创新型人格，培养社会主义事业的合格建设者和可靠接班人。

（本文是作者完成的山东省教育科学"十二五"规划课题《青少年"罪错"成因与矫治对策研究》[课题编号：2011GG339] 的基本内容，2016年7月通过鉴定结项）

---

① 胡锦涛《坚定不移沿着中国特色社会主义道路前进 为全面建成小康社会而奋斗——在中国共产党第十八次全国代表大会上的报告》，人民出版社2012年版。

附 三：学而优则创

——谈谈研究生学术论文撰写

同学们好：

我于1987年研究生毕业，今年整整30年了。30年来，我的工作单位发生了变化，工作岗位发生了变化，但一直没有放下科研工作。今天利用这个机会，向同学们汇报一下自己科研工作的体会，谈谈研究生怎样搞科研、如何写学术论文。

一、自觉树立创新意识

——我创故我在

当今时代是创新、创意的时代。理解创新就是理解未来！把握创新就是把握未来！引领创新就是引领未来！

习近平总书记在党的十九大报告中提出，加快建设创新型国家。创新是引领发展的第一动力，是建设现代化经济体系的战略支撑。倡导创新文化，强化知识产权创造、保护、运用。当代中国共产党人和中国人民应该而且一定能够担负起新的文化使命，在实践创造中进行文化创造，在历史进步中实现文化进步！

创新包括理论创新、技术创新与实践创新，理论创新是基础、先导。

自古圣贤路，学而优则仕。当今时代的青年，要学而优则创（创新、创意、创业），我创故我在。特别是研究生，要有强烈的科研意识，善于做个有心人。

要善于学习，关注学术前沿。

要善于思考，酝酿解决思路。

要善于发现，关注现实问题。

要善于提炼，形成理论成果。

二、创新要有新思路
——注重思维方式方法

思路方法对头，往往事半功倍。平时要加强创新思维方式方法训练。创新思维方式多种多样，如系统思维，矛盾思维，中介思维，发散思维，收敛思维，横向思维，逆向思维，等等。创新的基本路径是传承（继承）、超越（转化）、沟通（融合）。

这里说一下中介思维与科学创新。我的硕士学位论文题目是《论中介思维与科学生长点》（见《学术论坛》）；后又以《科学创新的中介范式》为题（见《东岳论丛》）进一步阐发。我在研读黑格尔哲学著作时，注意到他的丰富的中介思想。正是靠中介思想特别是"对立面互为中介"的思想，克服了康德哲学的种种"二律背反"，形成了他的辩证法体系。在学习"科学发展简史"课的时候又注意到科学生长点的问题。我把两者联系起来思考，形成了"中介思维与科学生长点"的论文选题。就是善于把握亦此亦彼的中间环节、过渡环节，把握科学（问题）的交叉点、结合点，关注学科之间的无人区，从而推进科学的发现、发展与进步。

在此基础上，我的许多论文题目都是"论 A 与 B"的格式。如：论民主意识与法治观念（《民主》）；论民族潜意识与民族文化（《齐鲁学刊》）；关于社会潜意识与社会意识形态的研究（《学术论坛》）；论社会潜能的调控与和谐社会的构建（《东岳论丛》）；社会潜意识、不良亚文化与青少年犯罪（《中国教育报》）；社会潜意识与青少年成长（《当代青年研究》）；传统文化与青少年心理修养（《青少年学刊》）……

要充分发挥意识与无意识的创新功能。每个人既有自觉的能动性，也有不自觉（自发）的能动性。有理性也有非理性。要进行理论创新，不但要下苦功夫思考探索，还要善于运用灵感、顿悟、直觉等创新创造方式。把意识与无意识结合起来，把理性与非理性结合起来，共同推进理论创造活动。学会梦笔生花，善于移花接木。

三、创新要有持续性
——善于凝练学术特色

在学术领域，长期坚持做好一件事，就会形成自己的优势和特色。根据兴趣爱好和专业领域，构建合理的知识结构和创新基础，找准社会发展与思维创新的结合点，不断挖掘学术富矿，形成系列成果，打造学术个性。做到人无我有，人有我专，人专我优，人优我特，人特我转。

关注学术、社会热点，但不要盲目跟风，要有自己的学术领地，用时尚的说法就是有自己特定的"话语权"，也就是用自己的学术视角对理论和现实问题加以研究、论证。经过长期学术积淀，使自己的学术成果作为党和政府决策与创新的理论支点。涓涓细流汇成长河。我们党的理论创新，是以改革开放实践标准问题大讨论作为开启，全社会解放思想、学术进步、不断涌现新成果为基础的。要善于将自己的学术成果转化成企业、政府、社会的经济文化社会效益。

从20世纪90年代初期至今，我发表的成果主要围绕"中介思维与科学创新"系列；"文化创意创新及山东半岛区域文化研究"系列；"心理分析"（个人潜意识、民族潜意识、社会潜意识）系列。一般是先发表系列论文，再形成著作。关注工作生活中的现实问题，思考提炼形成理论成果，再反过来指导工作生活实践。我对《易经》的学习研究，就是一个学《易》致用与以用知《易》相结合的过程。没有为学问而学问，学问源于生活又指导生活。粗制滥造、谎话连篇，自己都不信，这种学问不做也罢。这就是我们一直倡导的要真学、真懂、真信、真用。

四、学问要有章可循
——自觉遵守学术规范

做学问写文章必须坚持思想性、学术性、创新性的统一。

古人云："盖文章，经国之大业，不朽之盛事。"（曹丕）撰文写书不可与我们党提倡的"四个自信"（即理论自信、制度自信、道路自信、文化自信）相抵触。要严肃（谨慎）对待政治、民族和宗教问题。2016年，上海某作家在给本刊（《潍坊学院学报》）的一篇关于文化方面的稿件中，引用了其儿子的研究成果，文中隐含着这样的观点，即：我国在现有体制下不能解决腐败问题。这显然有违"四个自信"，也不符合十八大以来我们党反腐败斗争的实际。我们建议修改，他不同意，那就不能刊载。

要注意文章撰写规范。选题得当、用词准确，防止题目大而不当。2016年，我的一位同学推荐了他指导的研究生的一篇文章《中国共产党质量思想研究》。审稿时发现，这位研究生思路分散、逻辑混乱，他其实驾驭不了这个题目。编辑部反复讨论，最后还是没有采用。要杜绝沽名钓誉的"标题党"，禁止使用不成熟的网络用语。

文章的摘要、关键词应准确规范，开门见山，不得出现"本文认为""笔者认为"之类词语。英文摘要不要用百度在线翻译完成。可以找英语熟练的同学帮助翻译。行文次序要规范、符合逻辑推理。参考文献、注释规范。关于字数要求，一般为6000字以上。重复率在15%以内。作者简介、联系方式等信息齐全。

向特定刊物投稿最好查看该刊物的具体规定或要求。

五、他山之石可击玉
——加强学术业务交流

做学问要注重学术交流，包括内部交流（校内学术沙龙、座谈会等）和外部交流，请进来、走出去。20世纪80年代中期，我在陕西师范大学读研究生期间，当时有两个研究方向，一个是马克思主义认识论，一个是中西哲学比较。学校邀请了许多哲学、文化方面的大家名家讲课或开设讲座，感觉受益匪浅。我至今还保存着有关的听课笔记。近年来，山东省社科联每年组织多次"社科论坛"，坚持以文与会。通过参加这个论坛，我认识了不少同行朋友。记得有一次在参加这类会议时，我把自己刚出版的《传承·超越·沟通——民族潜意识研究》一书，送给了时任省委宣传部副部长、社联副主席张全新教授，他是塑造论哲学的创始人。他看后高兴地说，家忠用"无意识"概念比我还早！也是在同样的会上，我将该书送给了时任山东人民出版社第二编辑室主任王金凤一本，她看后说"家忠文笔不错"，由此促成了我的另一本著作《人性·社会·心灵——社会潜意识研究》在山东人民出版社顺利出版。

搞好业务交流，包括纵向交流与横向交流，相关业务部门（如省市社科联、宣传部、社科院、出版社、杂志社）等，了解他们的重点选题规划、特色栏目、出版方向范围等。

大学的二级学院要营造良好学术环境（学术氛围、激励机制、团队建设）。大学必须努力营造一个乐学尚术、积极进取的氛围。我在本校马克思主义学院工作期间，曾有位青年教师与我争辩说，大学老师上好课就行了，写文章干什么。诚然，一个单位确实可以有教学型教师，但如果都不搞科研不写东西，那就不是大学了。所以说，高校各二级学院要一手抓教学一手抓科研，教学科研两促进。青年教师也要坚持教学科研两条腿走路，不能跑偏了。这样做，单位有作为，青年有希望，学校有前途。临沂大学倡导，学院是大学学术共同体的有机组织，一流的院长成就一流学院，一流的学院成就一流大学。学院要向着建设"学术之院、学者之院、学生之院、学习之院"的一流学院目标迈进。可以说二级学院院长的学术视野决定着二级学院的水平。

不当之处，敬请指正。

谢谢大家！

（本文是作者2017年11月9日为青岛大学马克思主义学院所做讲座提纲）

参考文献

[1] 习近平《在哲学社会科学工作座谈会上的讲话》，2016 年 5 月 18 日。

[2] 中共中央文献研究室《习近平关于科技创新论述摘编》，中央文献出版社 2016 年。

[3] 《习近平谈治国理政》，外文出版社 2014 年版。

[4] 《习近平谈治国理政》，外文出版社 2017 年版。

[5] 习近平《决胜全面建成小康社会　夺取新时代中国特色社会主义伟大胜利——在中国共产党第十九次全国代表大会上的报告（2017 年 10 月 18 日）》，人民出版社 2017 年。

[6] 习近平《在北京大学师生座谈会上的讲话》单行本，人民出版社 2018 年。

[7] 中共中央《关于加快构建中国特色哲学社会科学的意见》，2017 年 5 月 16 日。

[8] 《国家中长期教育改革发展规划纲要（2010—2020 年）》。

[9] 《中共中央关于全面深化改革若干重大问题的决定》2013 年。

[10] 《中共中央关于全面推进依法治国若干重大问题的决定》2014 年。

[11] 中共中央办公厅《关于培育和践行社会主义核心价值观的意见》2013 年。

[12] 中共中央办公厅《关于坚持和完善普通高等学校党委领导下的校长负责制的实施意见》2014 年。

[13] 教育部《关于全面提高高等教育质量的若干意见》（30 条）。

[14] 教育部《高等教育专题规划》（教高〔2012〕5 号），2012 年 3 月 21 日。

[15] 国务院办公厅《关于深化高等学校创新创业教育改革的实施意见》（国办发 [2015]36 号），2015 年 5 月。

[16] 教育部、国家发展改革委、财政部《关于引导部分地方普通本科高校向应用型转变的指导意见》（教发 [2015]7 号），2015 年 11 月。

[17] 教育部《关于进一步落实和扩大高校办学自主权 完善高校内部治理结构的意见》，2014 年 8 月 7 日。

[18] 教育部《关于进一步加强高等学校本科教学工作的若干意见》，2005 年 1 月 7 日。

[19] 中央宣传部、教育部关于印发《普通高校思想政治理论课建设体系创新计划》的通知（教社科 [2015]2 号），2015 年 7 月。

[20] 教育部关于印发《高等学校思想政治理论课建设标准》的通知（教社科 [2015]3 号），2015 年 9 月。

[21] 教育部《关于深化高校教师考核评价制度改革的指导意见》。

[22] 国务院《统筹推进世界一流大学和一流学科建设总体方案》（国发 [2015]64 号），2015 年 11 月。

[23] 中共中央办公厅、国务院办公厅《关于深化教育体制机制改革的意见》（中国政府网 2017 年 9 月 25 日）。

[24] 山东省《省委办公厅、省政府办公厅关于推进高等教育综合改革的意见》（鲁办发〔2016〕19 号），2016 年 4 月。

[25] 中共中央《关于深化人才发展体制机制改革的意见》，2016 年 3 月。

[26] 《改造我们的大学》，中央电视台财经频道《对话》2009 年 12 月 28 日。

[27] 朱红《中国特色的现代大学制度谁来建？》，《光明日报》

2013 年 8 月 5 日。

[28] 温家宝《温家宝谈教育》，人民出版社、人民教育出版社 2013 年。

[29] 袁贵仁《深化教育领域综合改革》，教育部网站 2013 年 11 月 21 日。

[30] 汤敏、杨桂清《慕课对传统教育有何影响》，《中国教育报》 2015 年 6 月 3 日。

[31] 王定华《从美国常春藤大学看中国世界一流大学的建设》，《大学》2015 年第 10 期。

[32] 中国教育科学研究院《全国高等教育满意度调查报告》，《中国教育报》， 2017 年 5 月 17 日第 9 版。

[33] 教育部高等教育教学评估中心《中国本科教育质量报告》，2017 年 10 月。

[34] 教育部高等教育教学评估中心《中国工程教育质量报告》，2017 年 10 月。

[35] 教育部高等教育教学评估中心《中国新建本科院校质量报告》，2017 年 10 月。

[36] 教育部高等教育教学评估中心《中国民办本科教育质量报告》，2017 年 10 月。

[37] 人力资源和社会保障部、中组部、教育部、财政部、团中央《高校毕业生基层成长计划》，2017 年 11 月。

[38] 国务院办公厅《关于深化产教融合的若干意见》，2017 年 12 月。

[39] 教育部《高校思想政治工作质量提升工程实施纲要》，2017 年 12 月。

[40] 《上海市高等教育促进条例》，2017 年 12 月。

[41] 教育部《普通高等学校本科专业类教学质量国家标准》，2018 年 1 月。

[42] 中共中央、国务院《关于全面深化新时代教师队伍建设改革的意见》，2018 年 1 月。

[43] 中共中央办公厅、国务院办公厅《关于分类推进人才评价机制改革的指导意见》，2018 年 2 月。

[44] 费孝通《大学的改造》，商务印书馆 2017 年。

[45] 郑也夫《吾国教育病理》，中信出版社 2013 年。

[46] 钱理群《中国大学的问题与改革》，天津人民出版社 2003 年。

[47] 刘向信《行思录》，明天出版社 2007 年。

[48] 田建国《现代大学新理念》，泰山出版社 2005 年。

[49] 田建国《大学教育沉思录》，山东教育出版社 2010 年。

[50] 顾海良《完善内部治理结构，建设现代大学制度》，《中国高等教育》2010 年第 3 期。

[51] 朱永新《改造我们的大学——在〈人民网〉大学校长论坛上的致词》，2015 年 11 月 27 日。

[52] 刘国瑞等《高等教育发展方式转变的历史逻辑与现实选择》，《高等教育研究》2015 年第 10 期。

[53] 王志坚等《"创新驱动"战略下大学变革的内涵、维度与路径》，《全球教育展望》2015 年第 11 期。

[54] 马陆亭《高等教育支撑国家技术创新需有整体架构》，《高等工程教育研究》2016 年第 1 期。

[55] 别敦荣《论我国大学治理》，《山东高等教育》2016 年第 2 期。

[56] 于钦明等《大学生网络心理障碍及其教育对策研究》，《思想政治教育研究》2012 年第 4 期。

[57] 马海泉《也谈什么是现代大学》，《中国高校科技》2017 年第 7 期。

[58] 《2018 年中国高教面临十大问题》，《中国科学报》2018 年 1 月 9 日。

[59] 吕帆《地方高校要依托学科建设突围》，《中国教育报》2018 年 1 月 16 日。

[60] 万明钢《审核评估、学科评估究竟给了我们什么样的启示》，西北师范大学新闻网，中国高等教育微信公众号，2018 年 5

月 2 日。

[61] 王家忠《灵性·潜能·创造——个人潜意识研究》，中国社会科学出版社 2010 年。

[62] 王家忠《文化创意产业读本》，中国社会科学出版社 2014 年。

[63] 王家忠《智慧做父母——教子有方三十六计》，中国社会科学出版社 2015 年。

[64] 王家忠《哲学七讲（大众读本）》，中国社会科学出版社 2016 年。

[65] 王家忠《加快高等教育投资体制改革》，《光明日报》1998 年 10 月 28 日。

[66] 王家忠《社会潜意识、不良亚文化与青少年犯罪》，《中国教育报》2000 年 4 月 26 日。

[67] 王家忠《青少年"罪错"成因与矫治对策研究》，山东省教育科学规划课题，2016 年 7 月通过鉴定。

后 记

20世纪80年代初，我有幸迈入大学校园，大学本科毕业又继续研究生学习深造，毕业后一直在高校从事教育、科研与管理工作。"卧底"30多年来，对高等教育的发展有着切身体会，对高等教育存在的问题也常常反思，个人对于教学、科研与管理工作也有着许多收获与感悟。面对社会上对大学改革的期待，作为"围城"里的一位教师，总想谈谈自己的想法与感受。

同时，笔者主持的《地方本科应用型高校综合改革探讨》获得潍坊学院2018年高等教育研究重点课题立项（项目编号GZ003），也督促本书完成撰写。

有位大学校长在毕业典礼上说过，什么是母校？就是我们可以骂，但别人不可以骂！是的，爱之深，痛之切。我们深爱着我们的大学，所以关心关注甚至非议她，有些话可能言之有过，还望读者特别是高校管理者们本着"言者无罪、闻者足戒"的态度海涵。

大学改革是一项系统工程。涉及国家、社会、高校方方面面，需要政府、学生家长、高校领导与教师、学生共同参与，才能形成改革的合力。因此，书名取为《改造我们的大学——地方本科高校综合改革探论》。书中吸收借鉴了国内外专家学者的一些代表性观点，也融入了个人的思考与体会。在此，对专家学者的观点表示感谢，如有理解不当之处敬请谅解。至于个人的想法，难免存在偏差与失误，也请读者批评指正。

王家忠

2018年5月28日